I0477645

70

láminas

El

rostro

humano

Este libro te ofrece una valiosa herramienta para perfeccionar tu técnica de dibujo de rostros humanos. Contiene 70 láminas de calidad que presentan una amplia variedad de expresiones, ángulos y características faciales.

Es ideal para artistas de todos los niveles, desde principiantes hasta expertos. Los principiantes pueden usar las láminas como una guía para aprender las proporciones básicas del rostro y las técnicas para dibujar diferentes características faciales. Los artistas más experimentados pueden usarlas como referencia para practicar distintos estilos de dibujo y para explorar nuevas expresiones y emociones.

Las láminas te proporcionarán modelos realistas para practicar tus habilidades de dibujo.La variedad de rostros presentes te permitirá explorar el mundo de las expresiones y las emociones, lo que te ayudará a crear dibujos más creativos y realistas. Al practicar con las láminas, podrás desarrollar tu propio estilo de dibujo del rostros humano.

Pueden ser referencia para crear tus propios dibujos de rostros con la misma pose, expresión o características faciales, o puedes modificarlas para crear algo nuevo.
También te puede servir para practicar diferentes técnicas de dibujo, como el sombreado, el difuminado y el uso de diferentes tipos de lápices.

En resumen, este libro es una herramienta para cualquier artista que quiera mejorar su técnica de dibujo de rostros. Con su amplia variedad de láminas .Este libro te ayudará a crear dibujos de rostros más realistas, expresivos y bellos.
Disfrútalo.

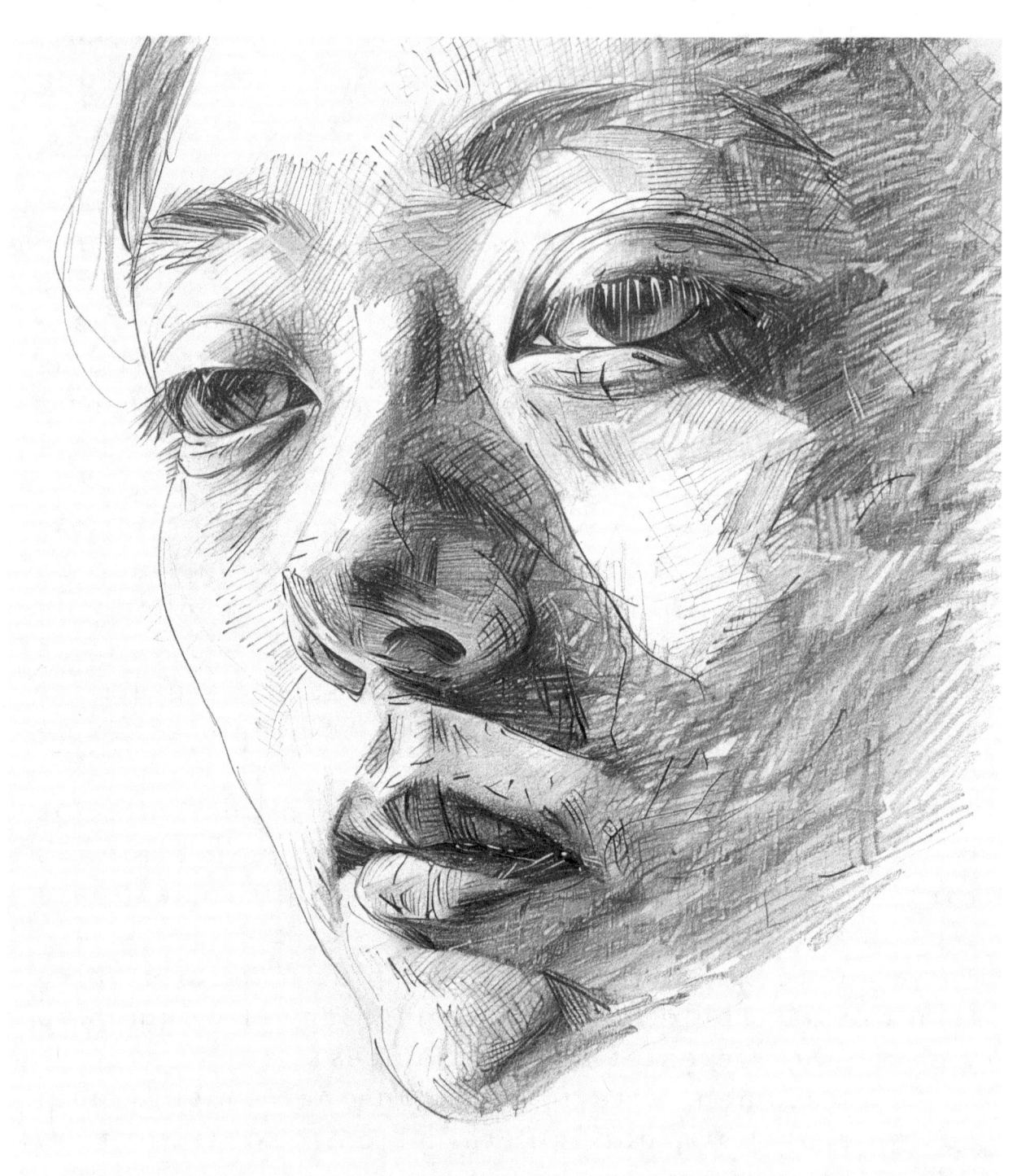

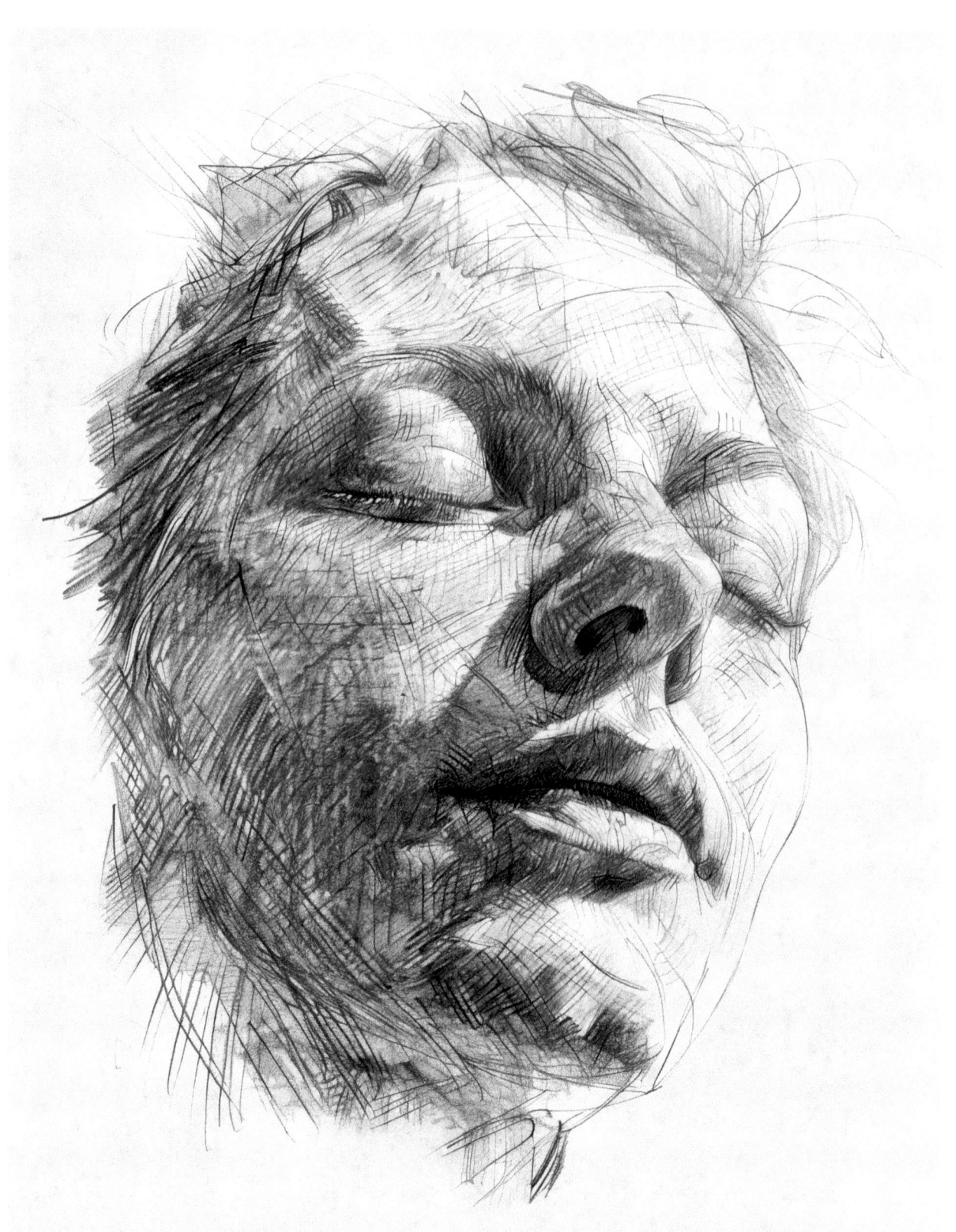

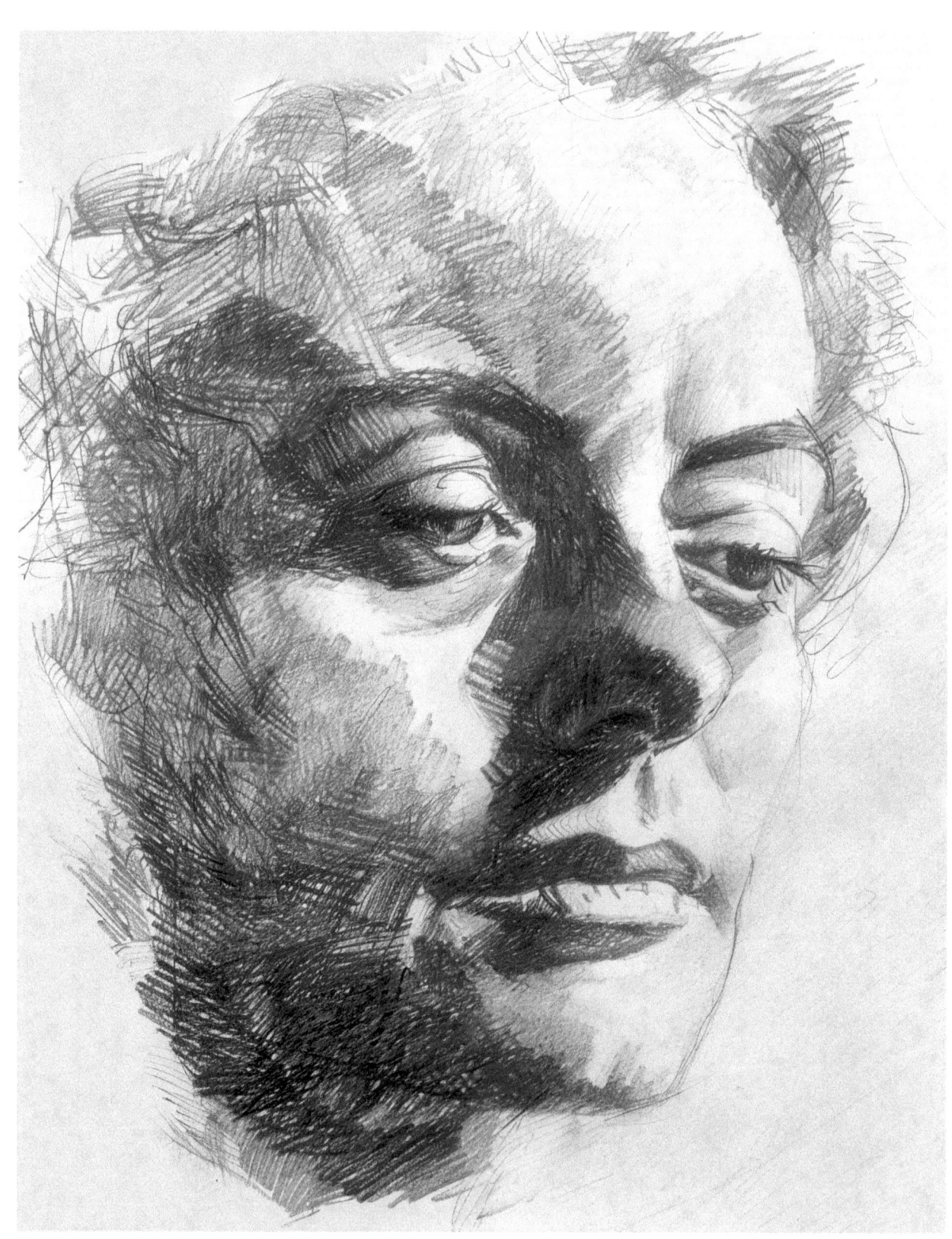

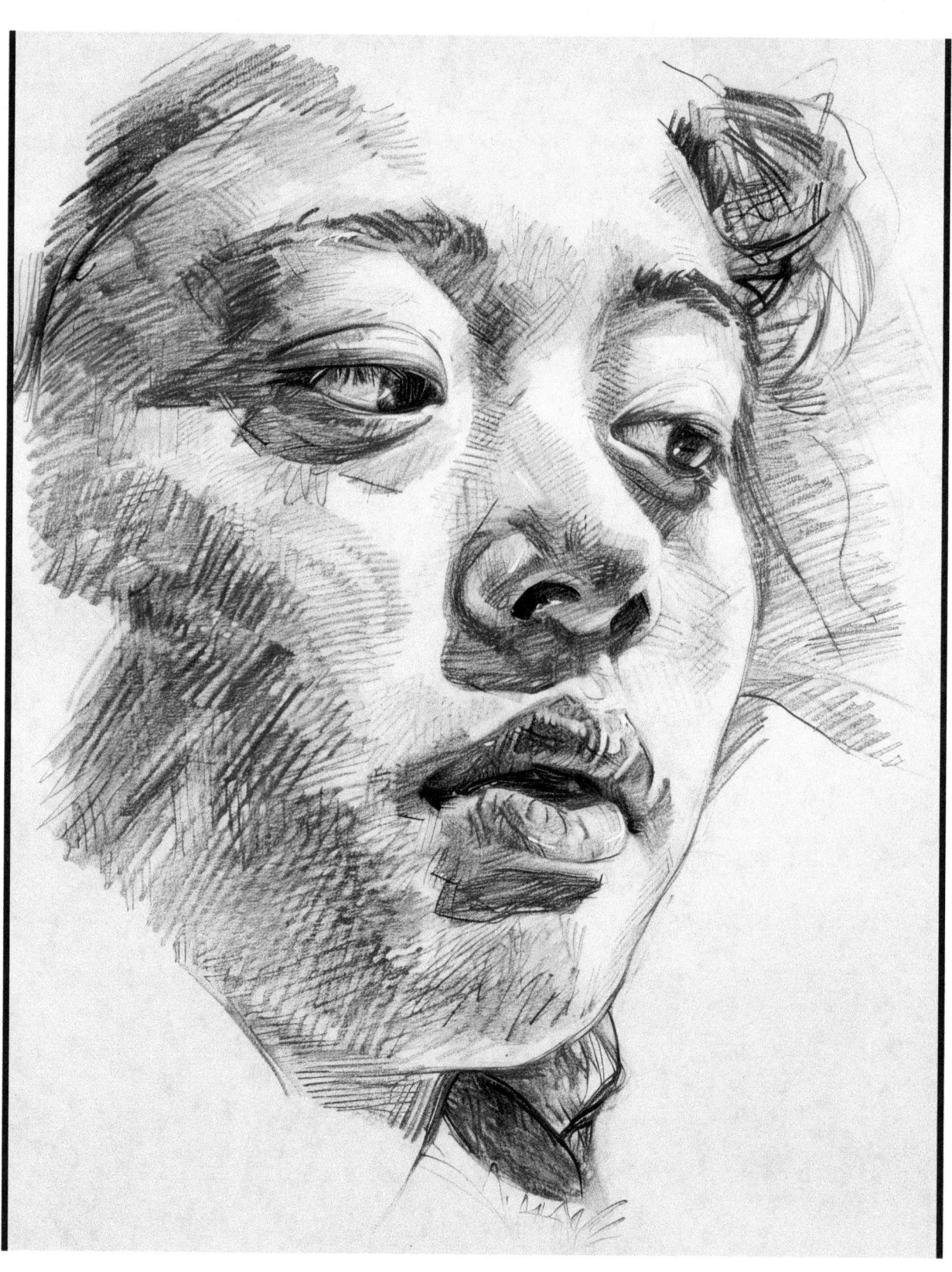

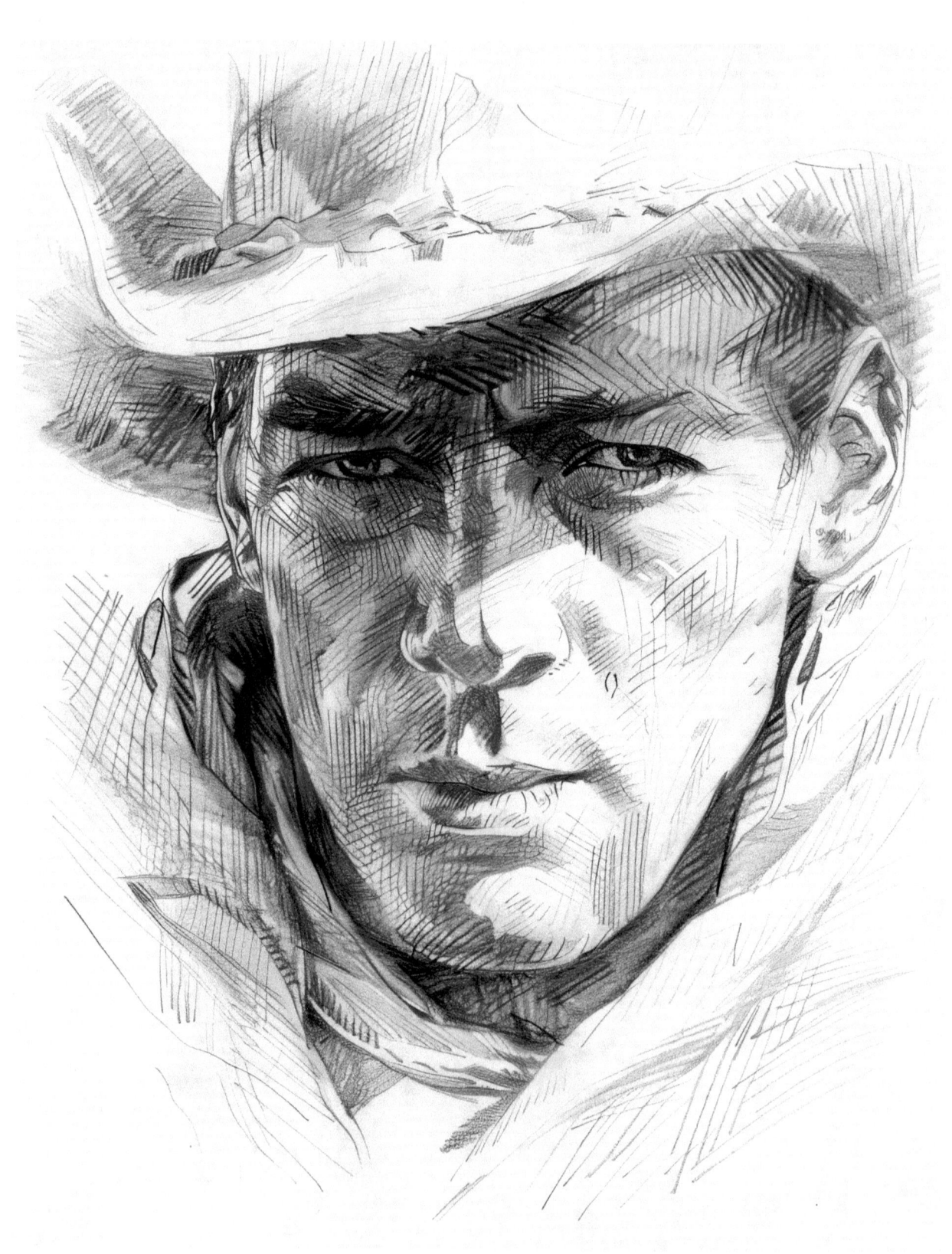

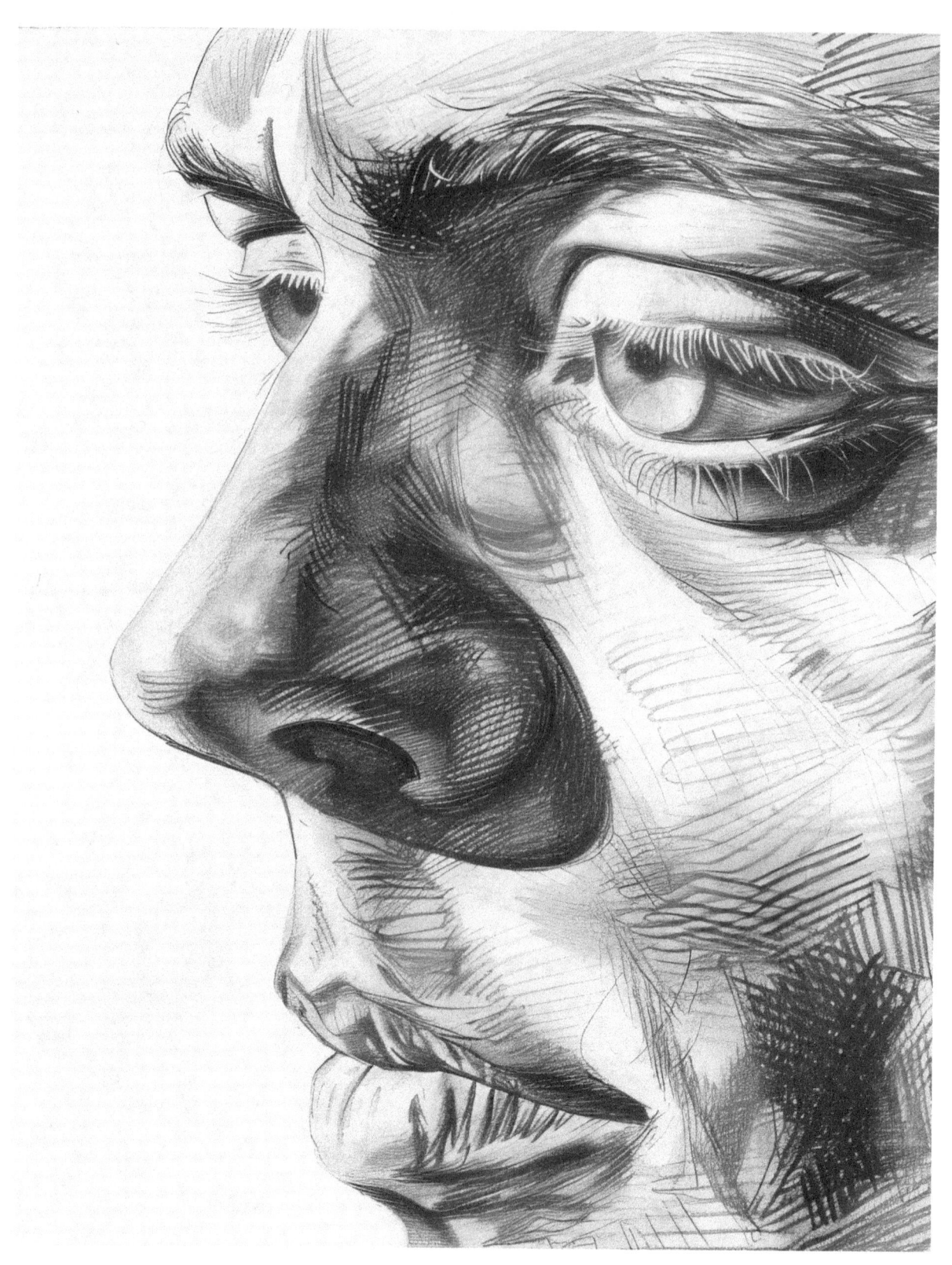

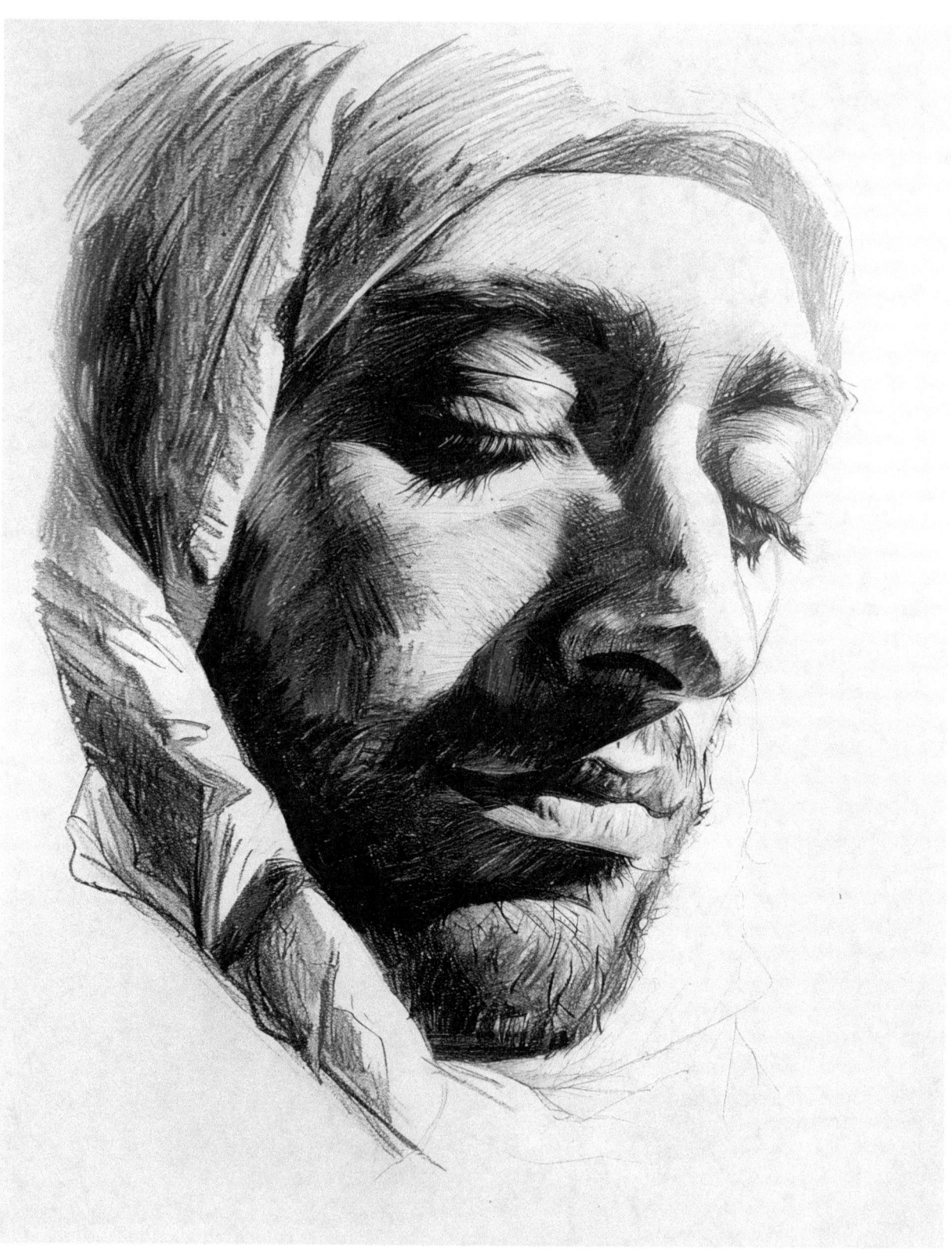

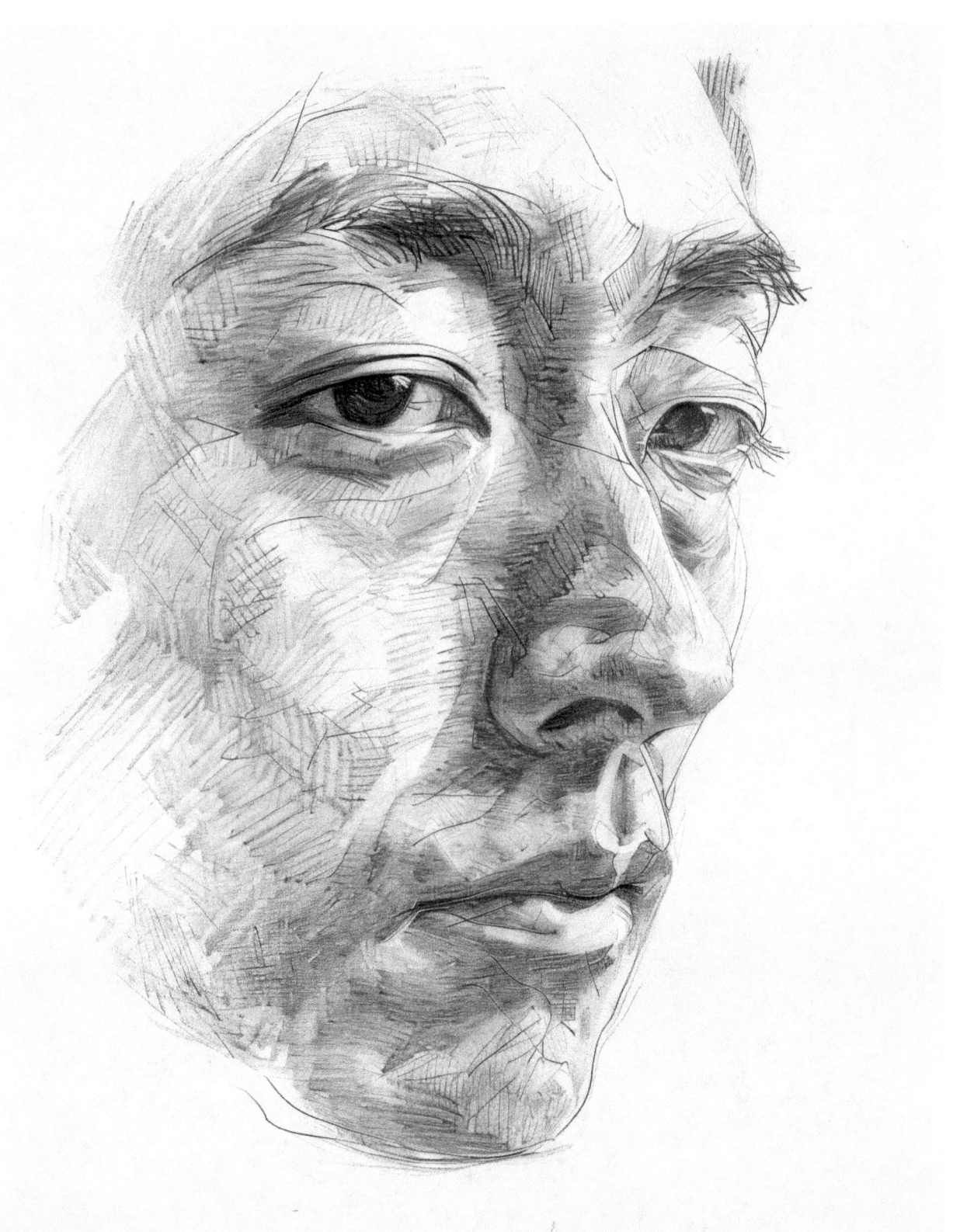

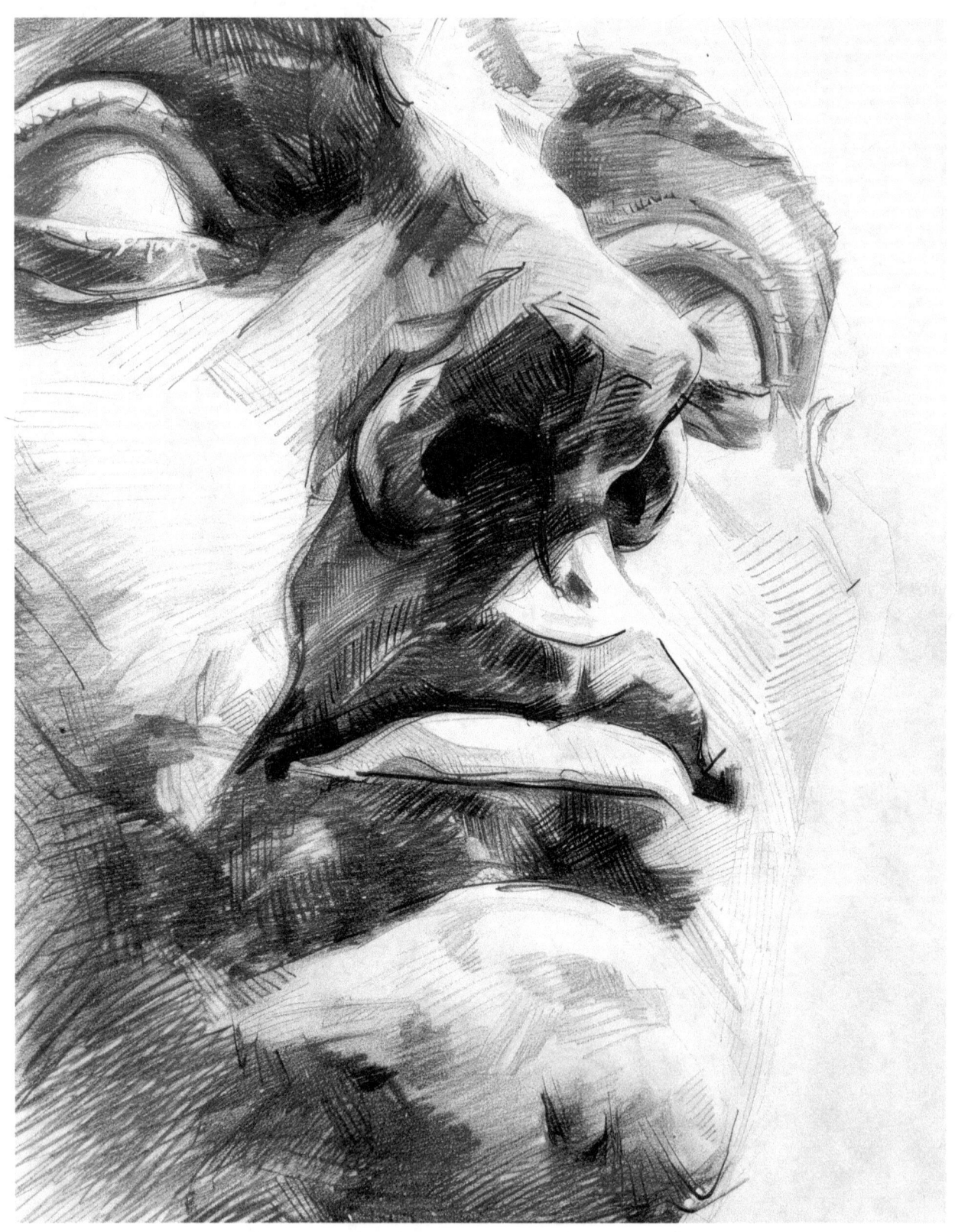

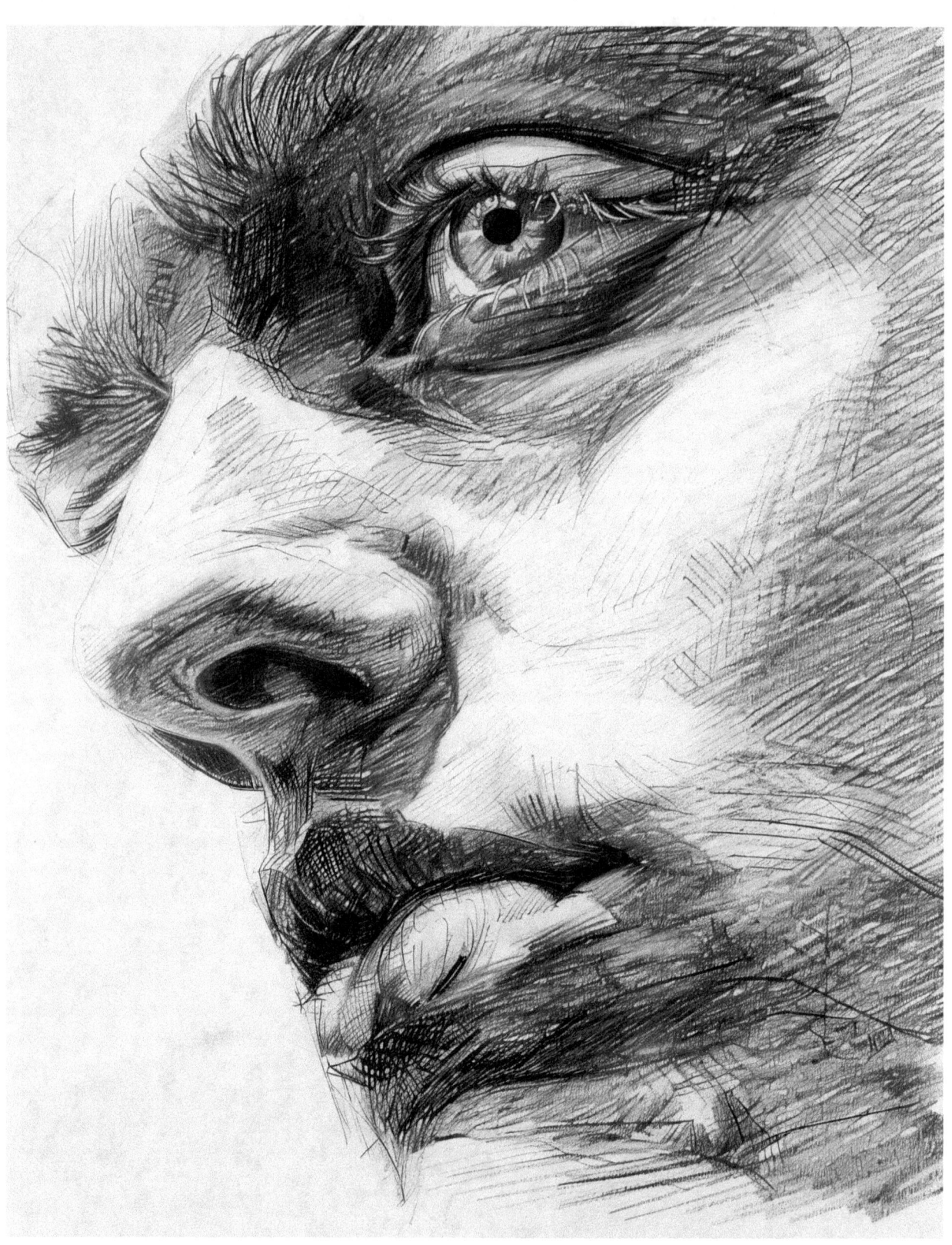

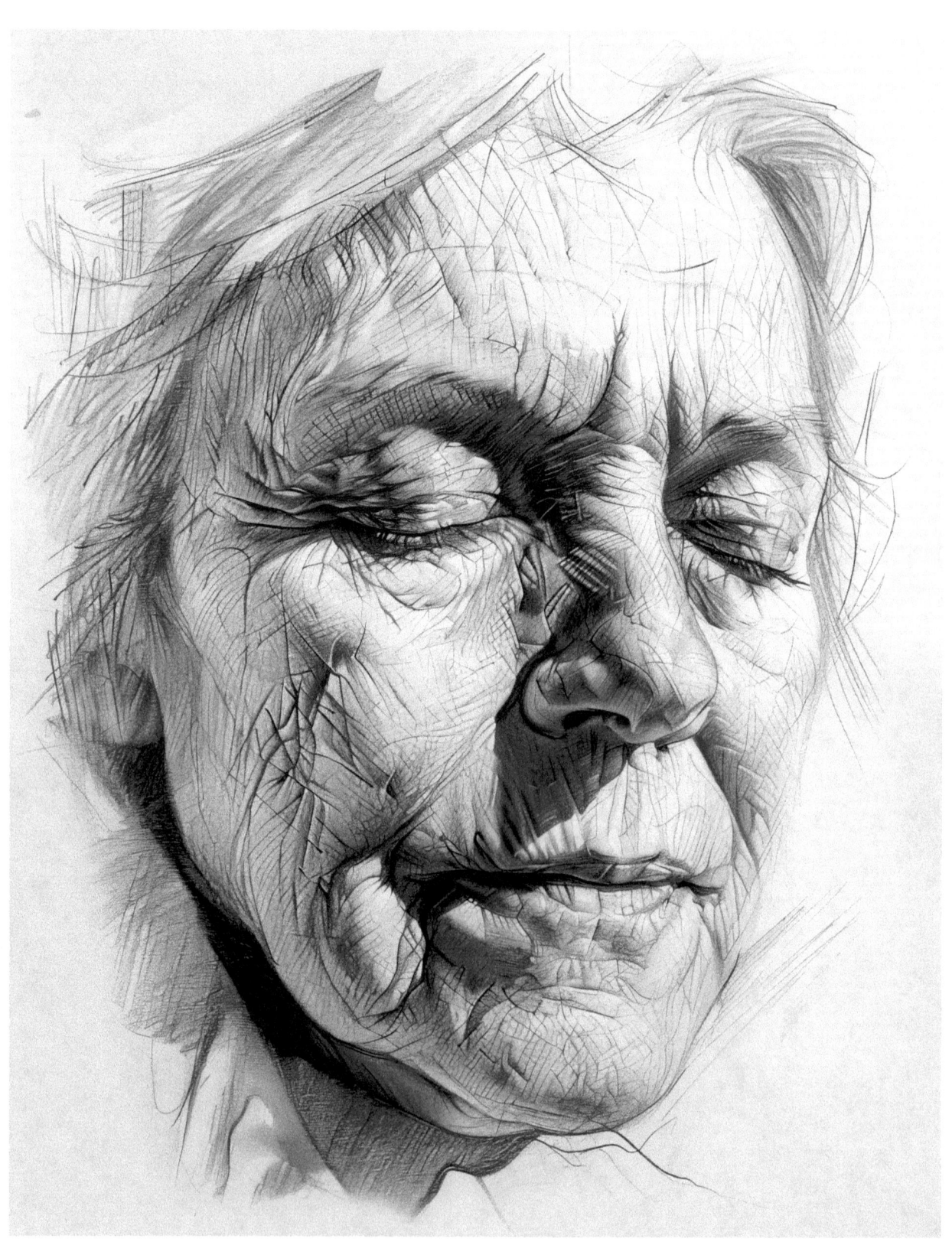

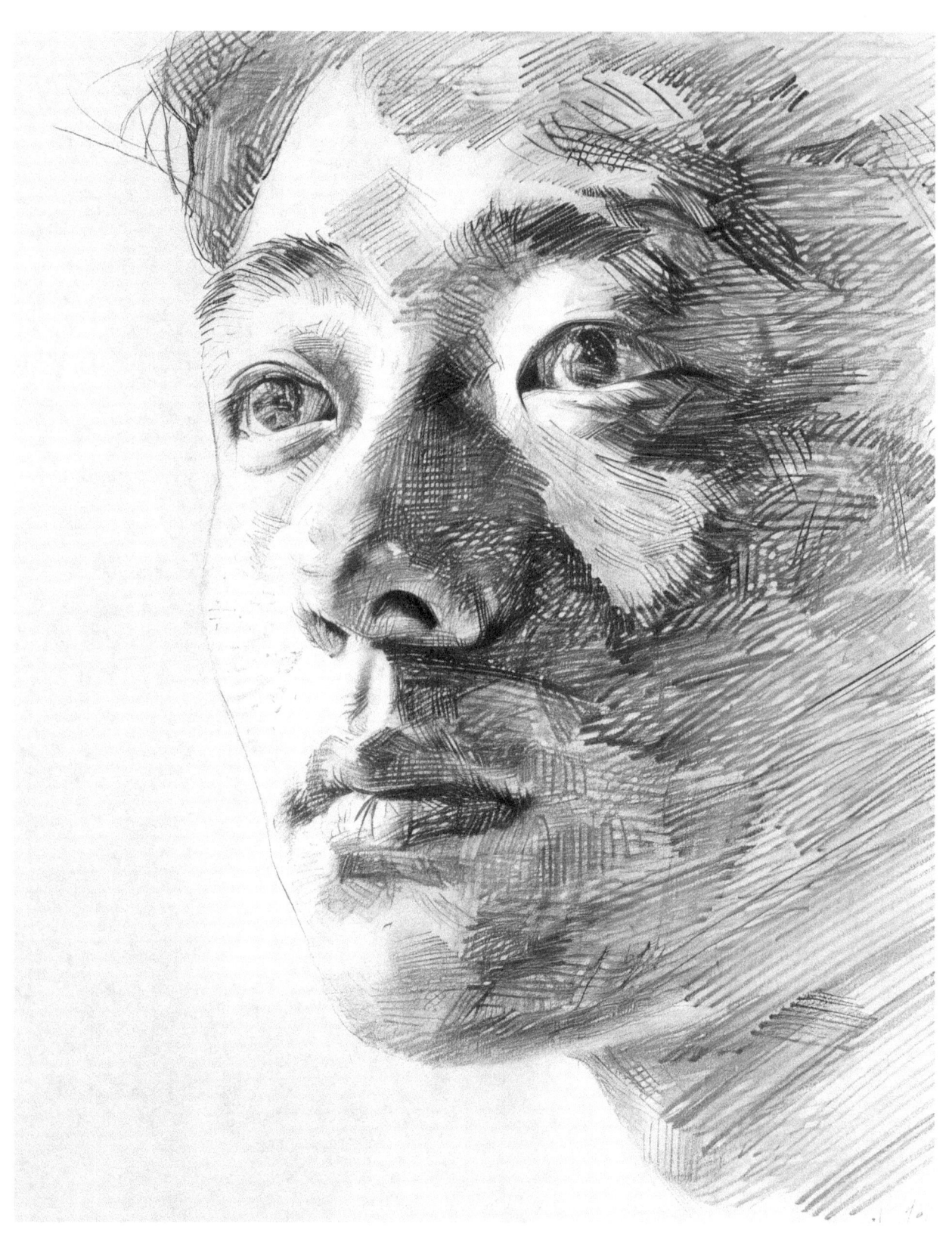

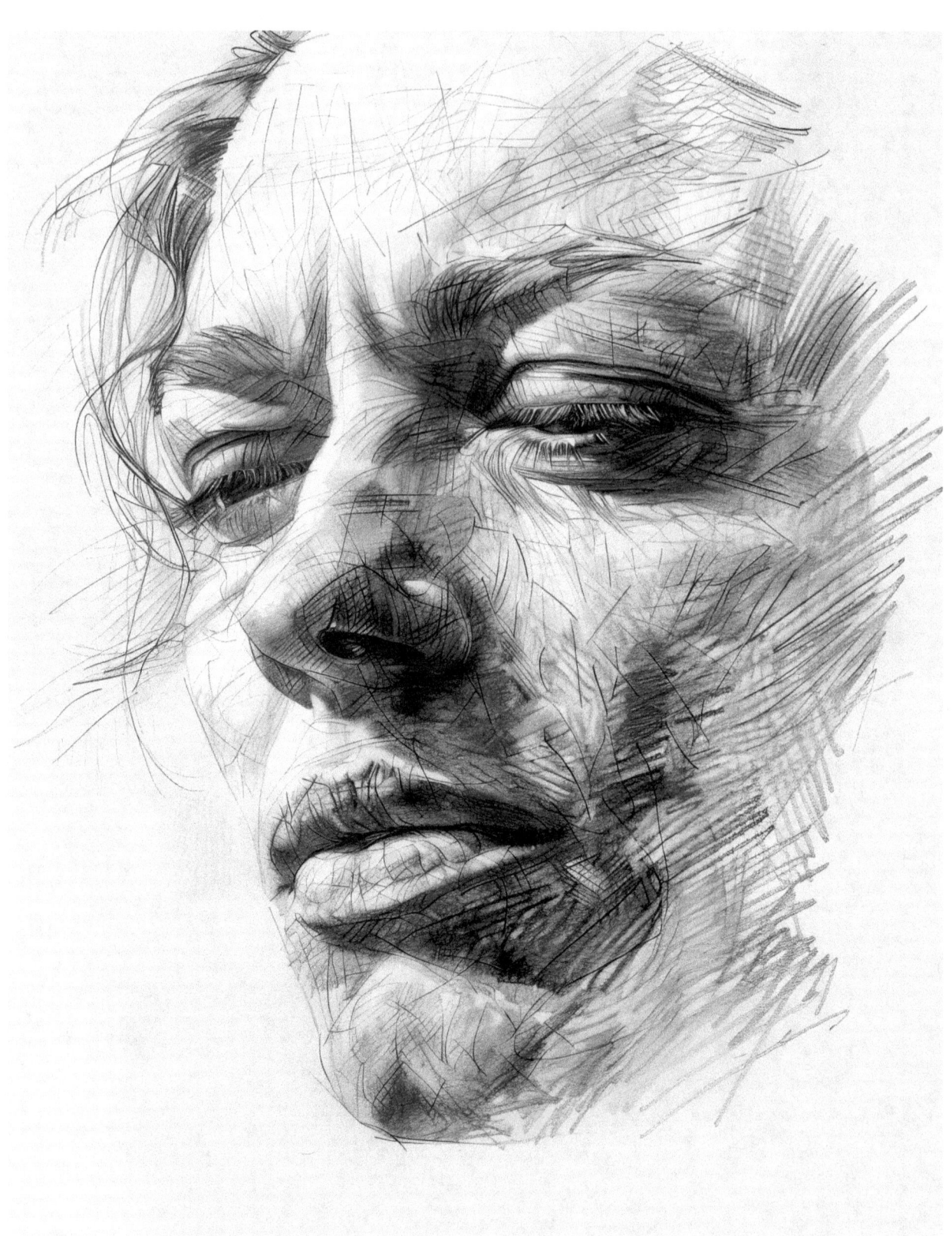

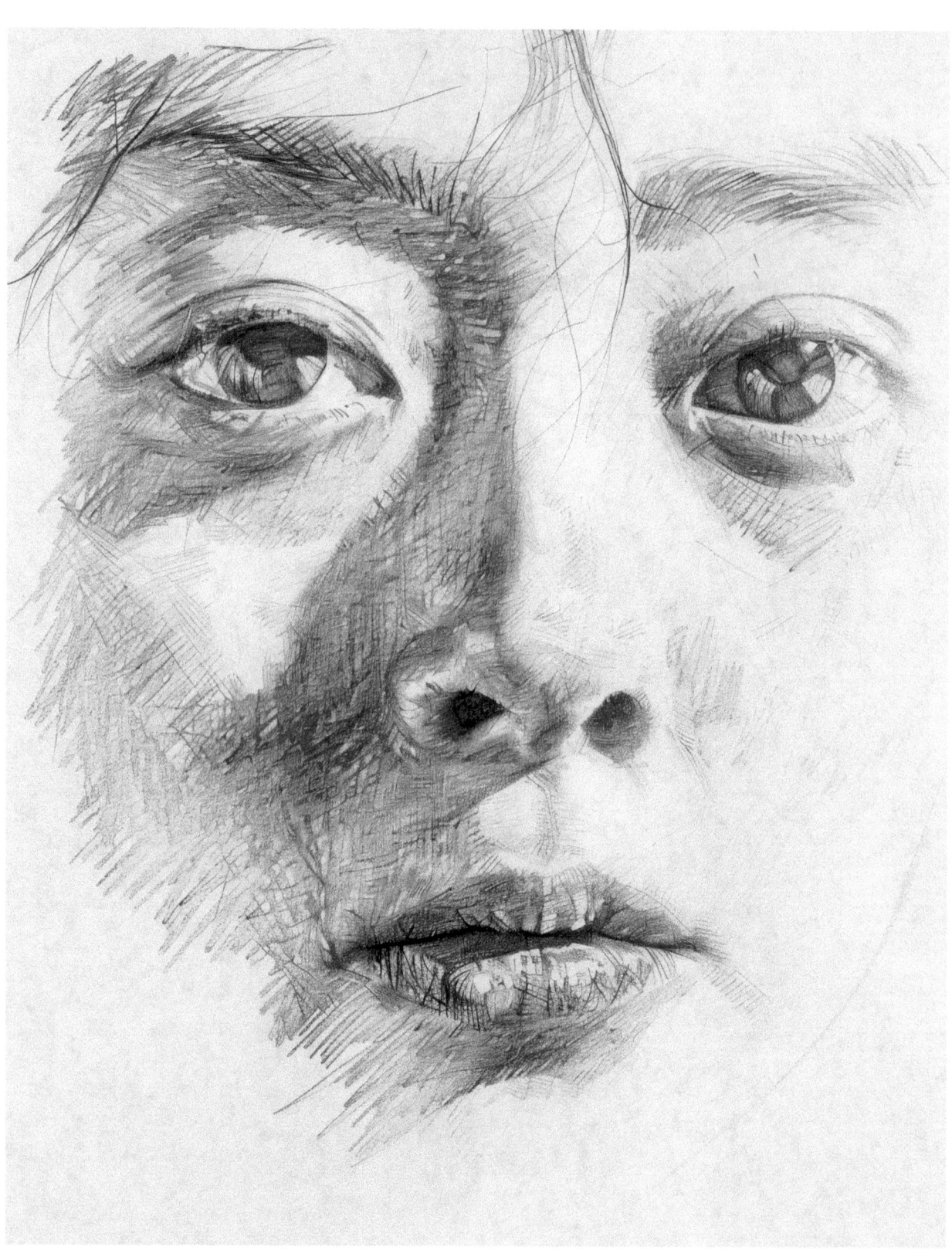

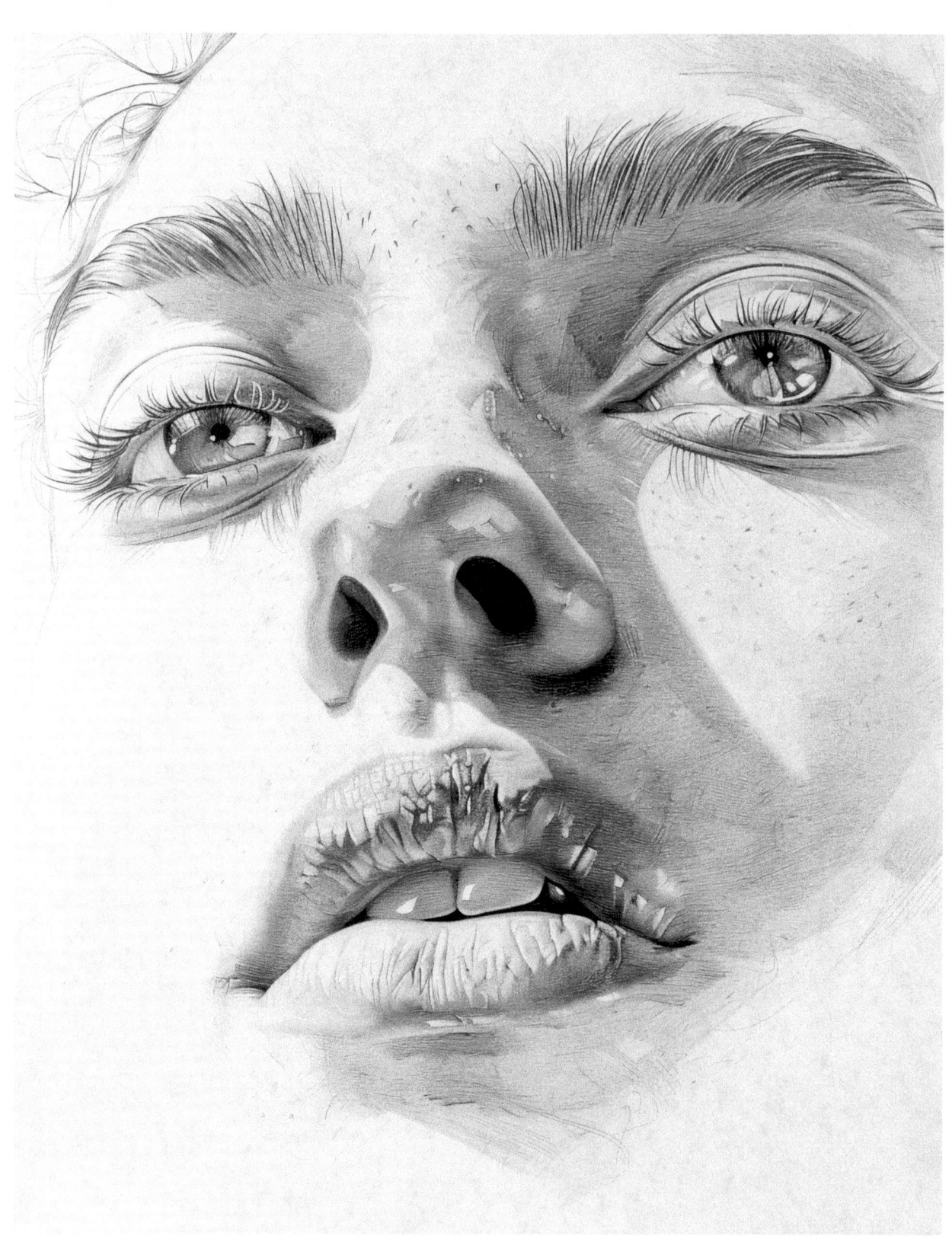

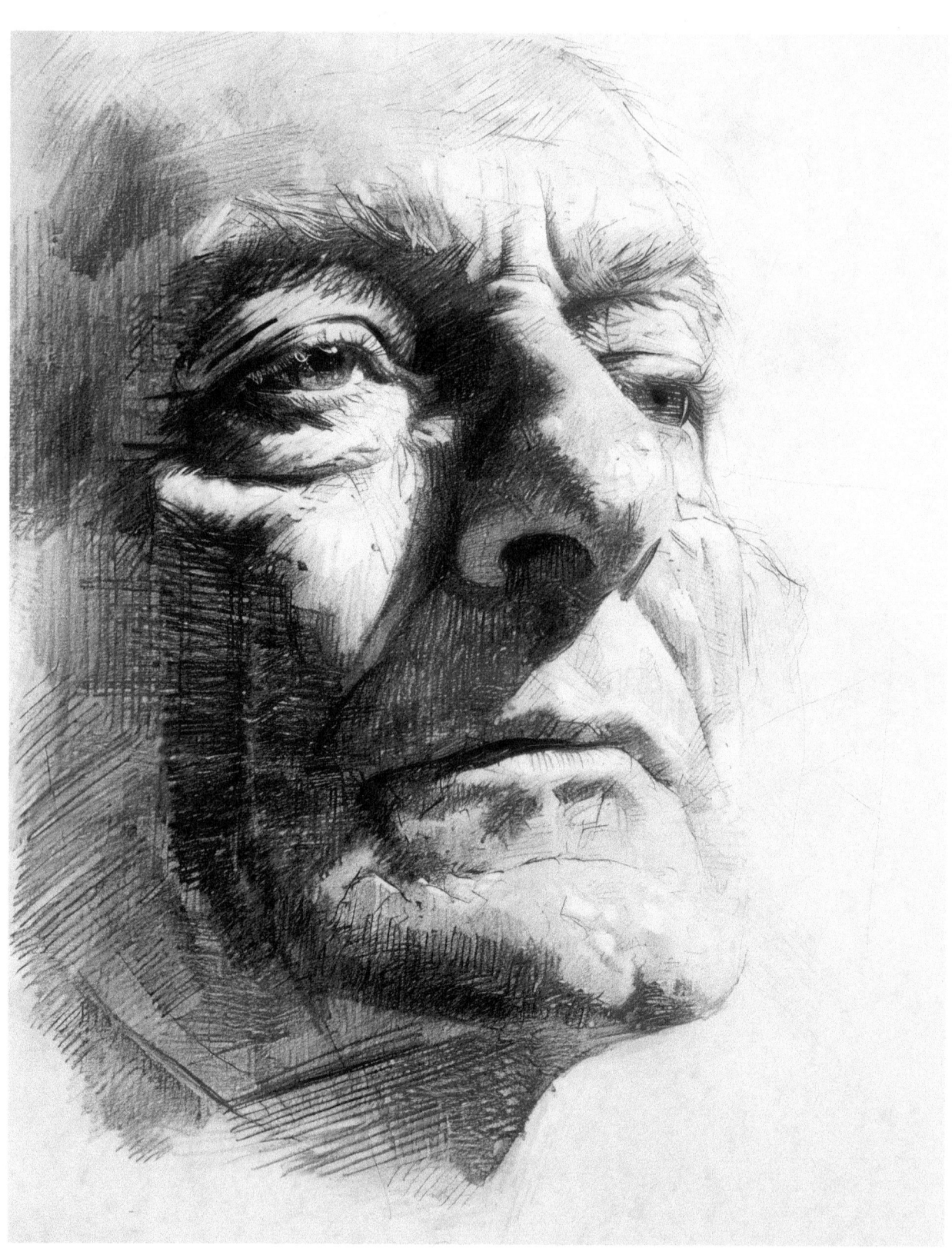

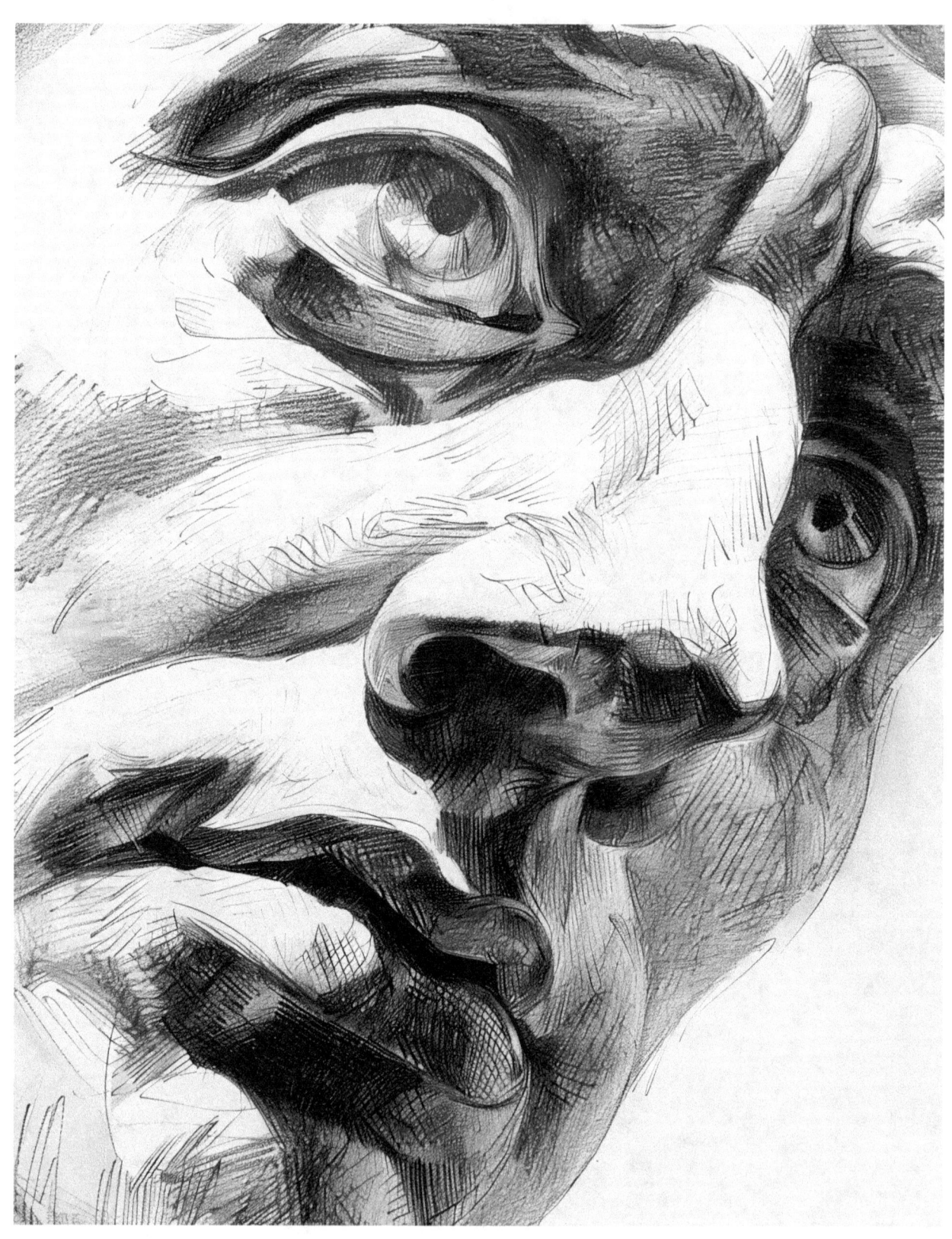

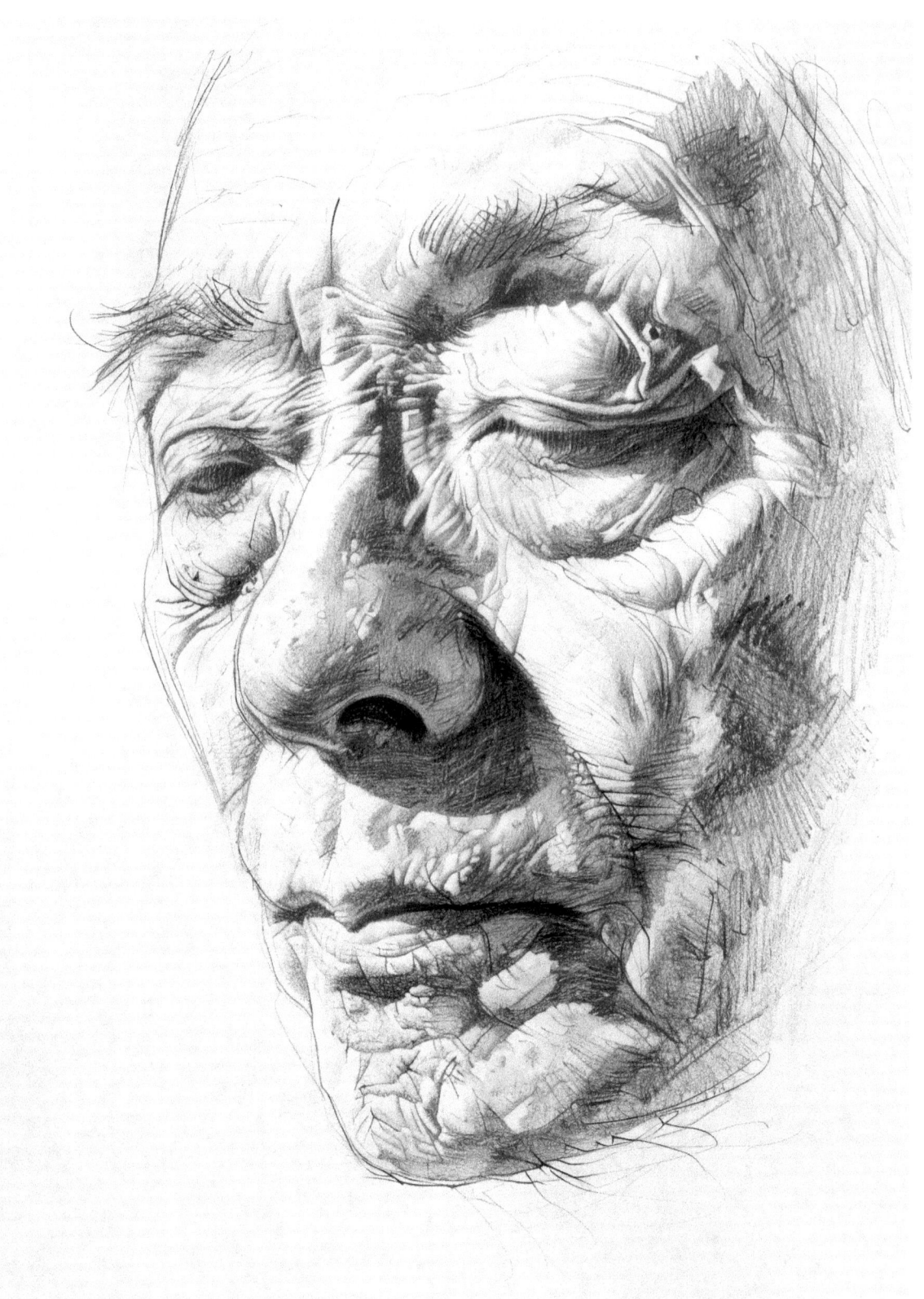

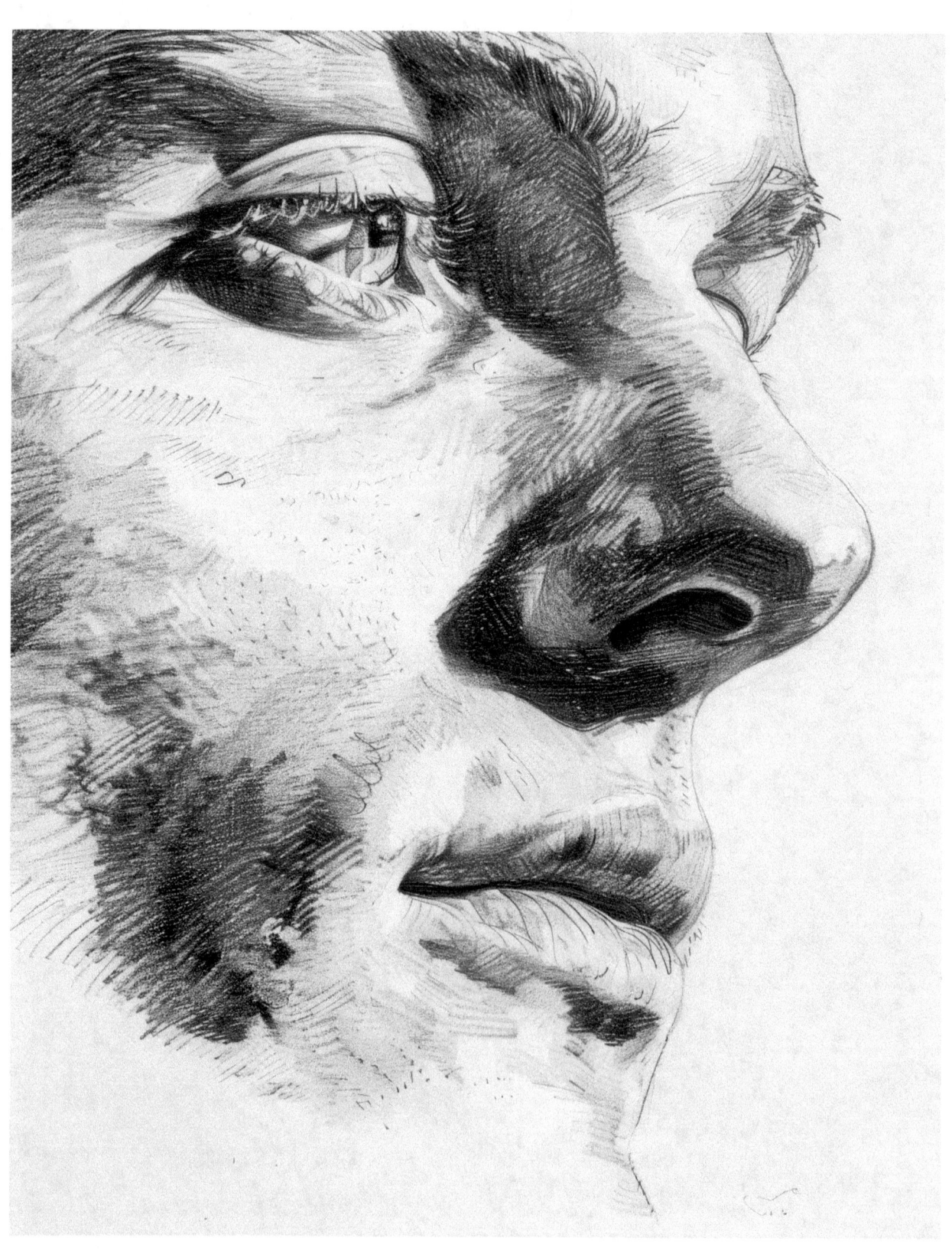

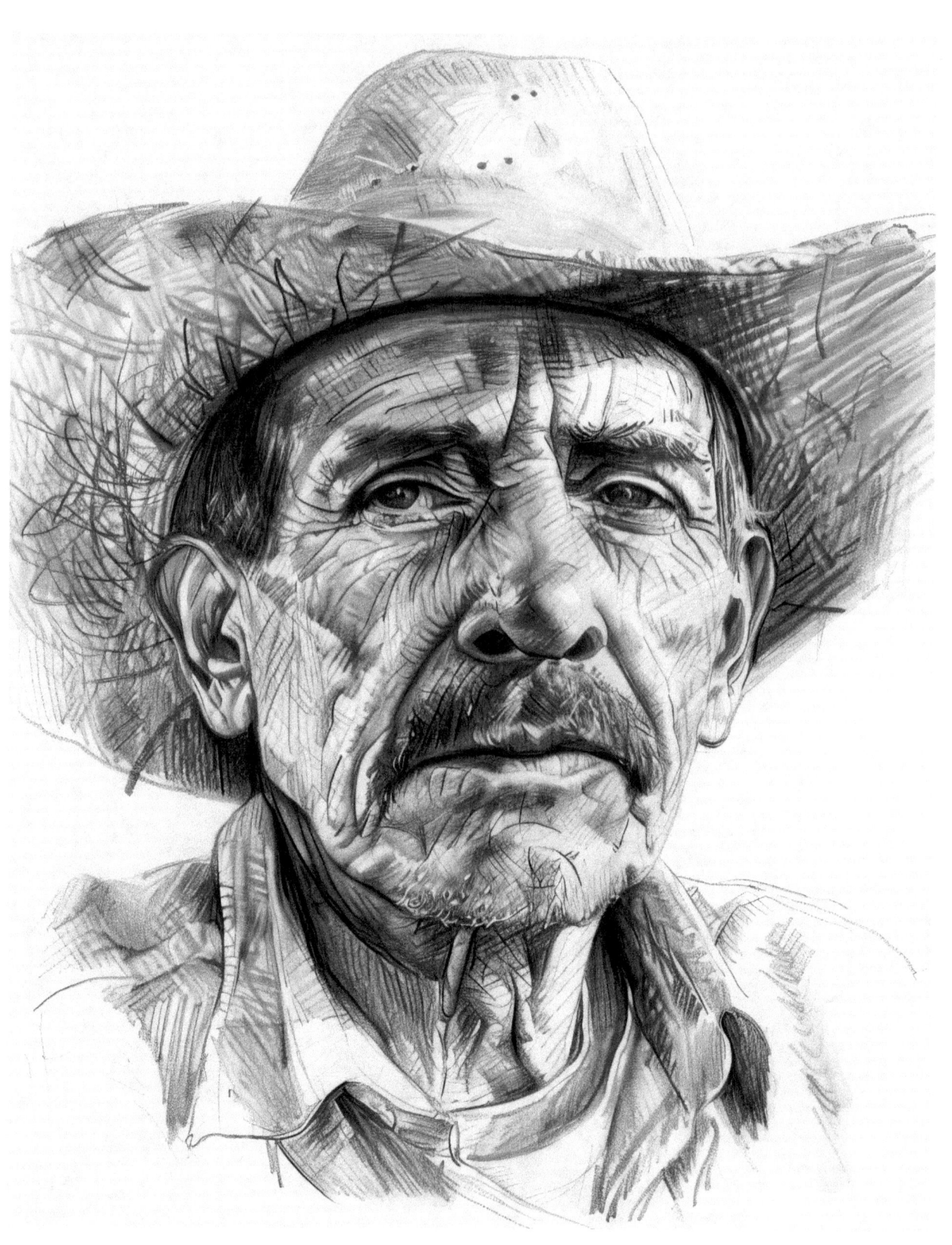

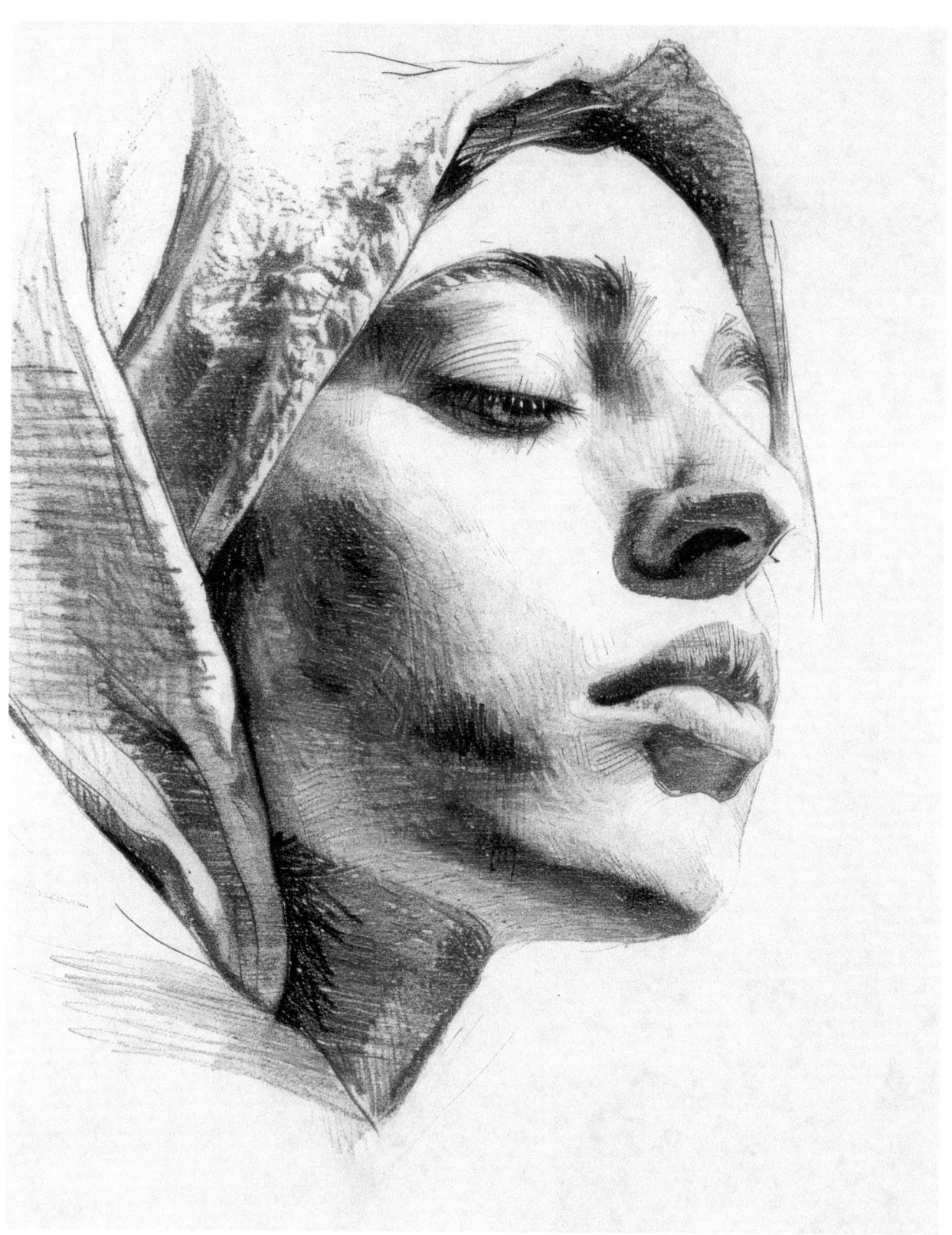

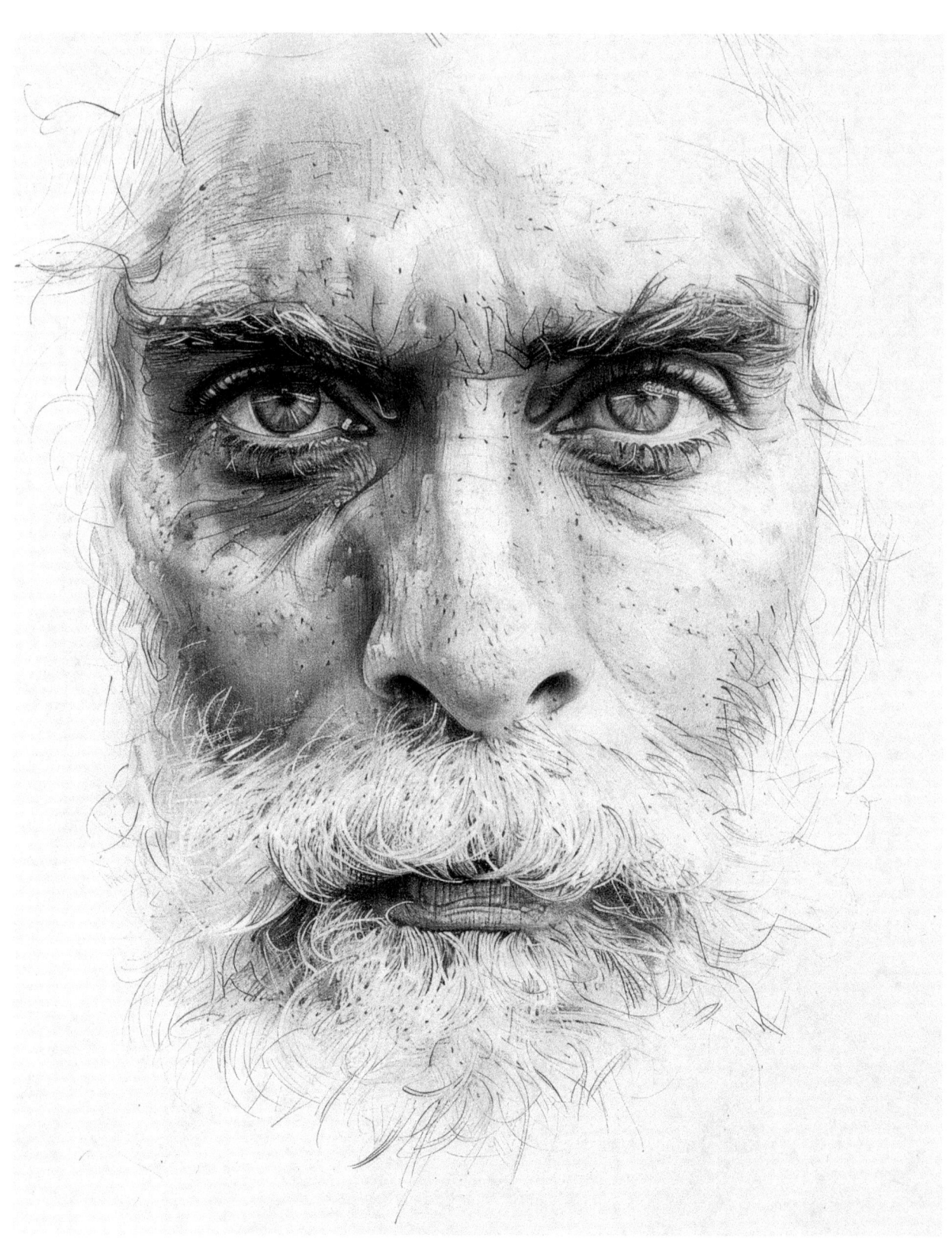

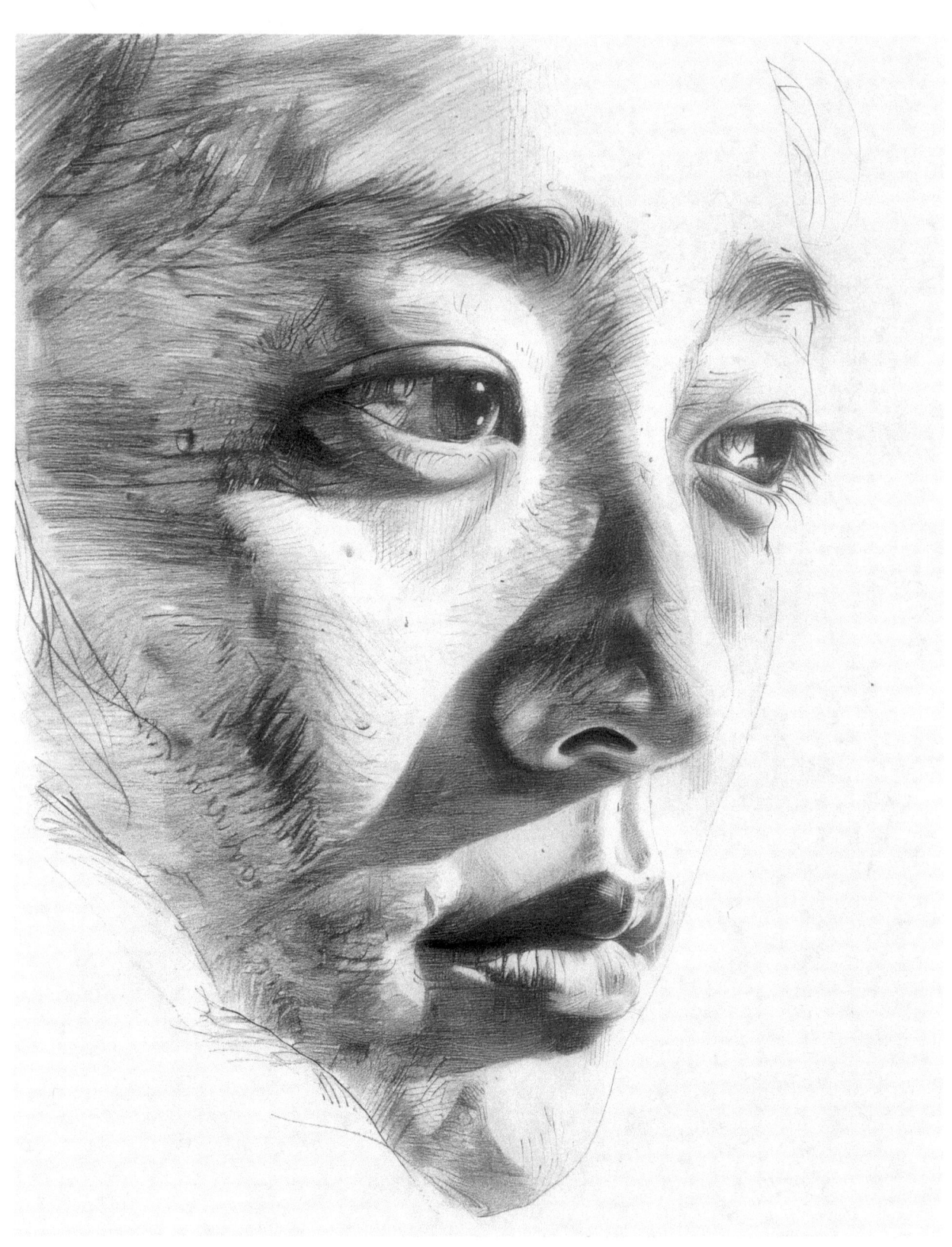

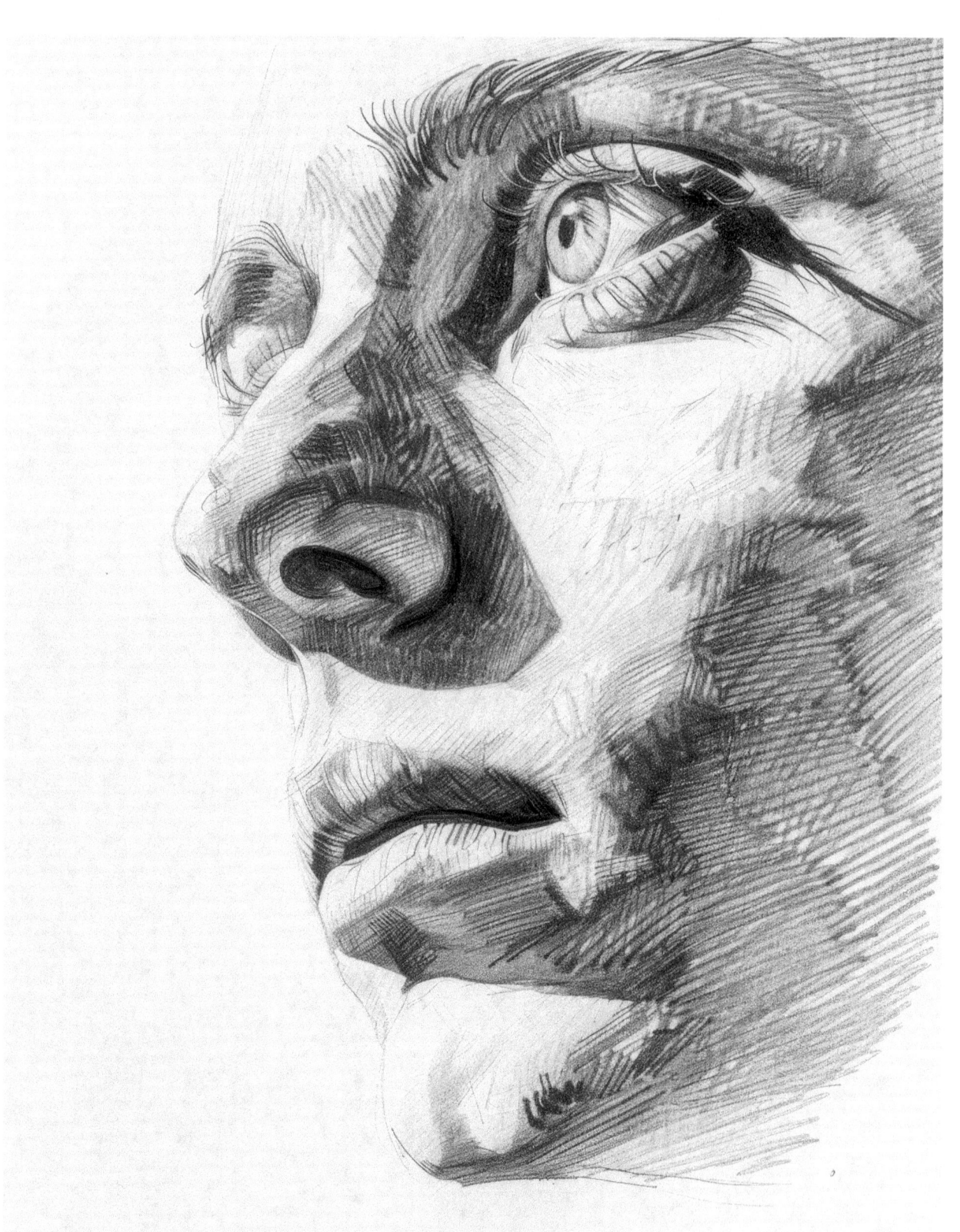

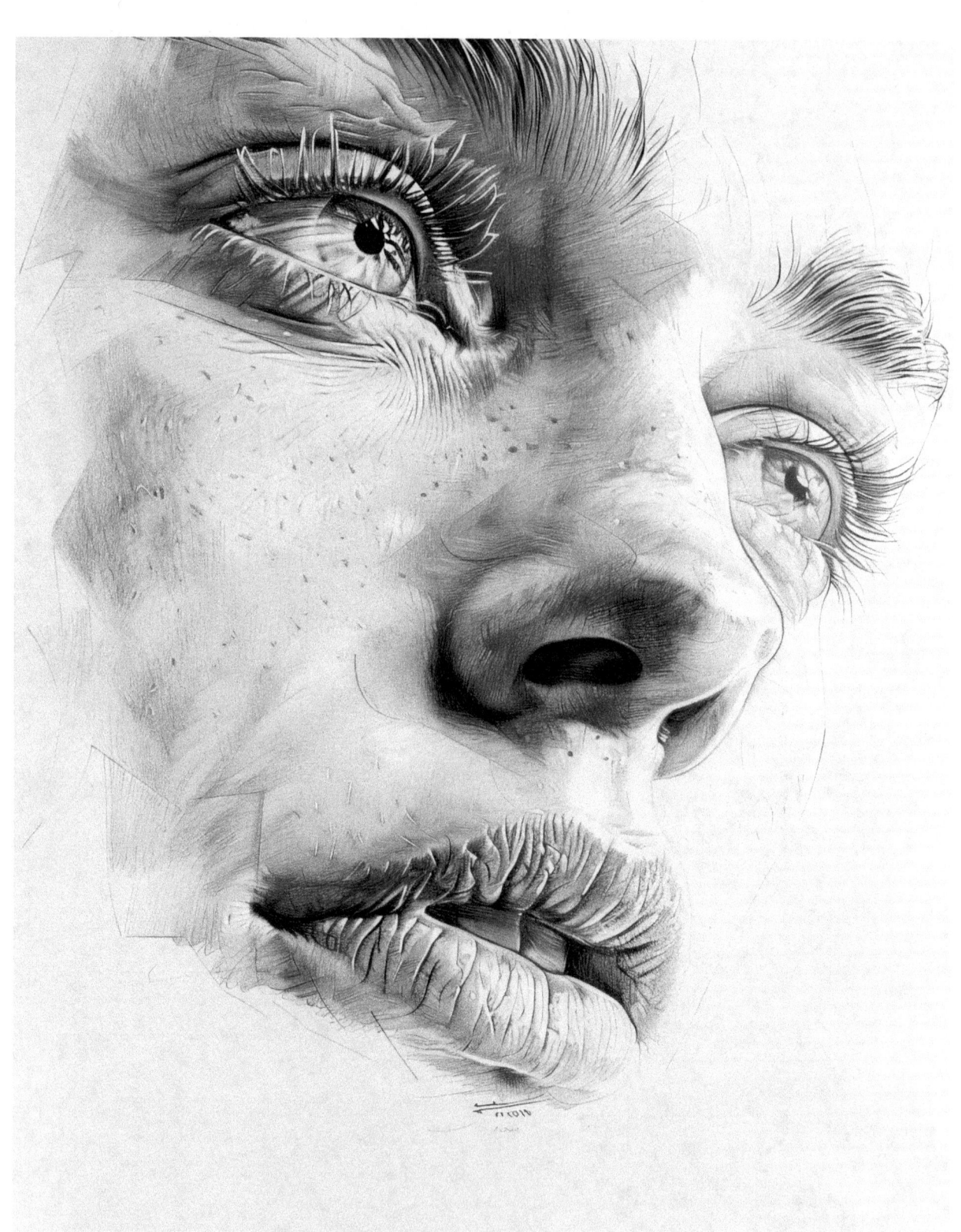

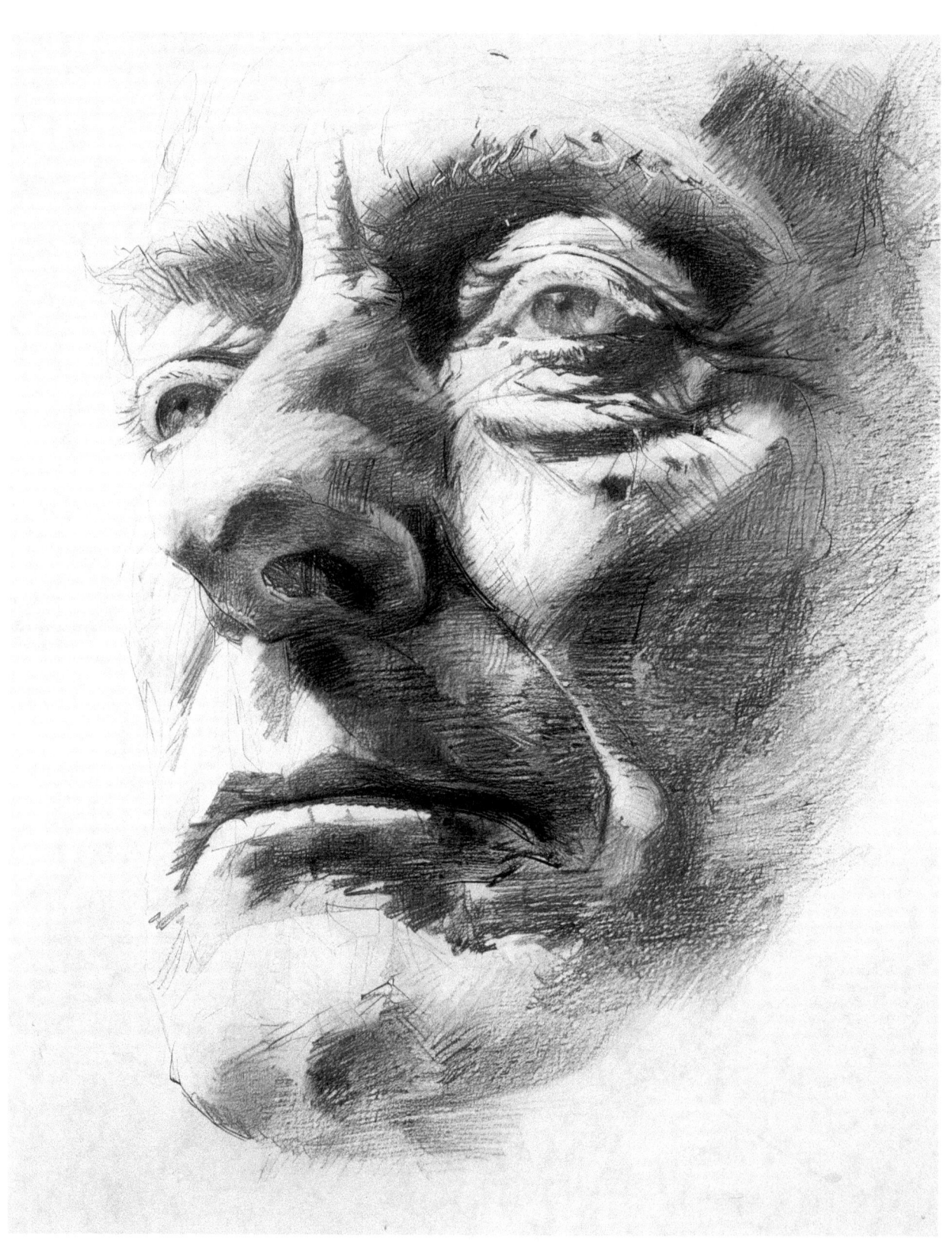

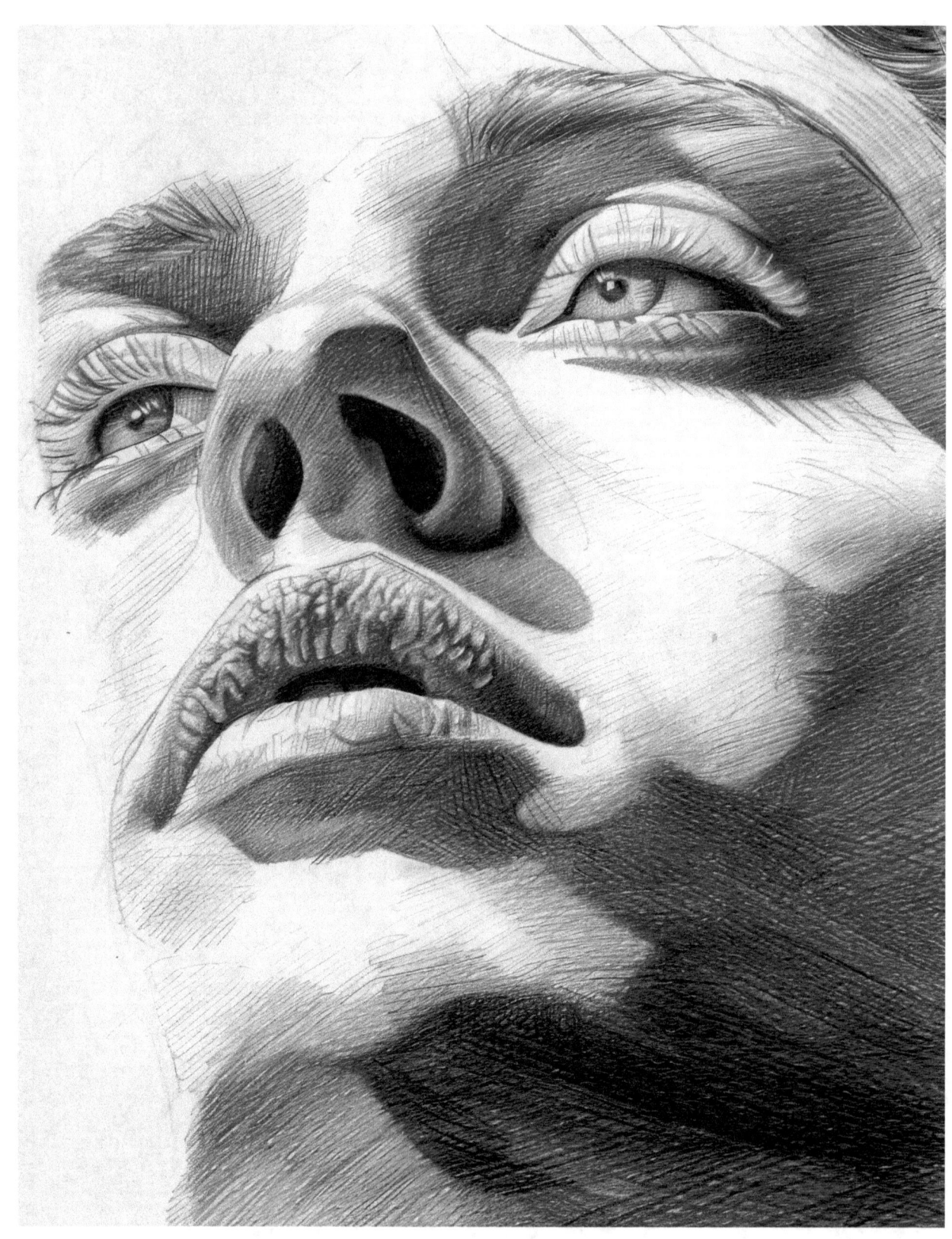

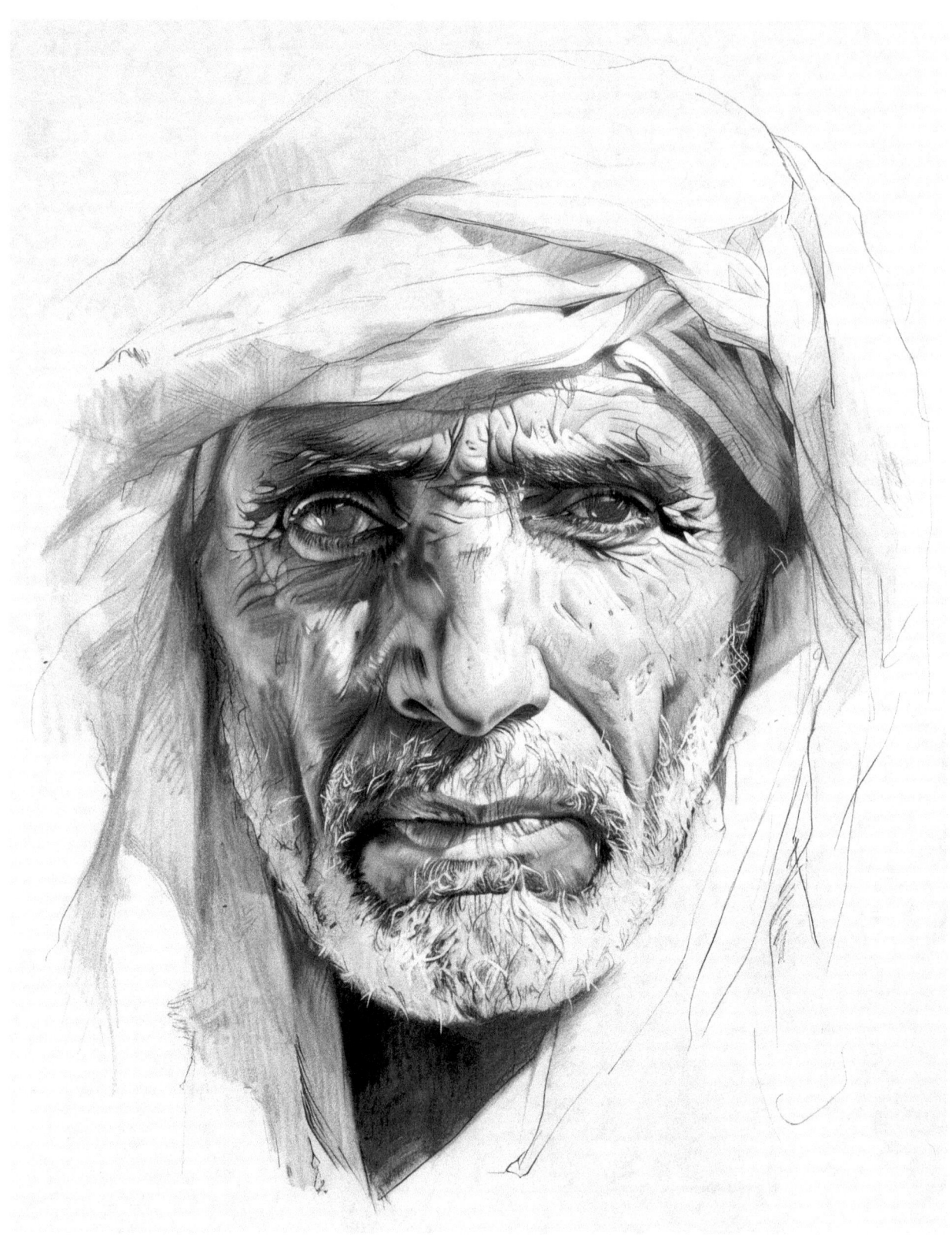

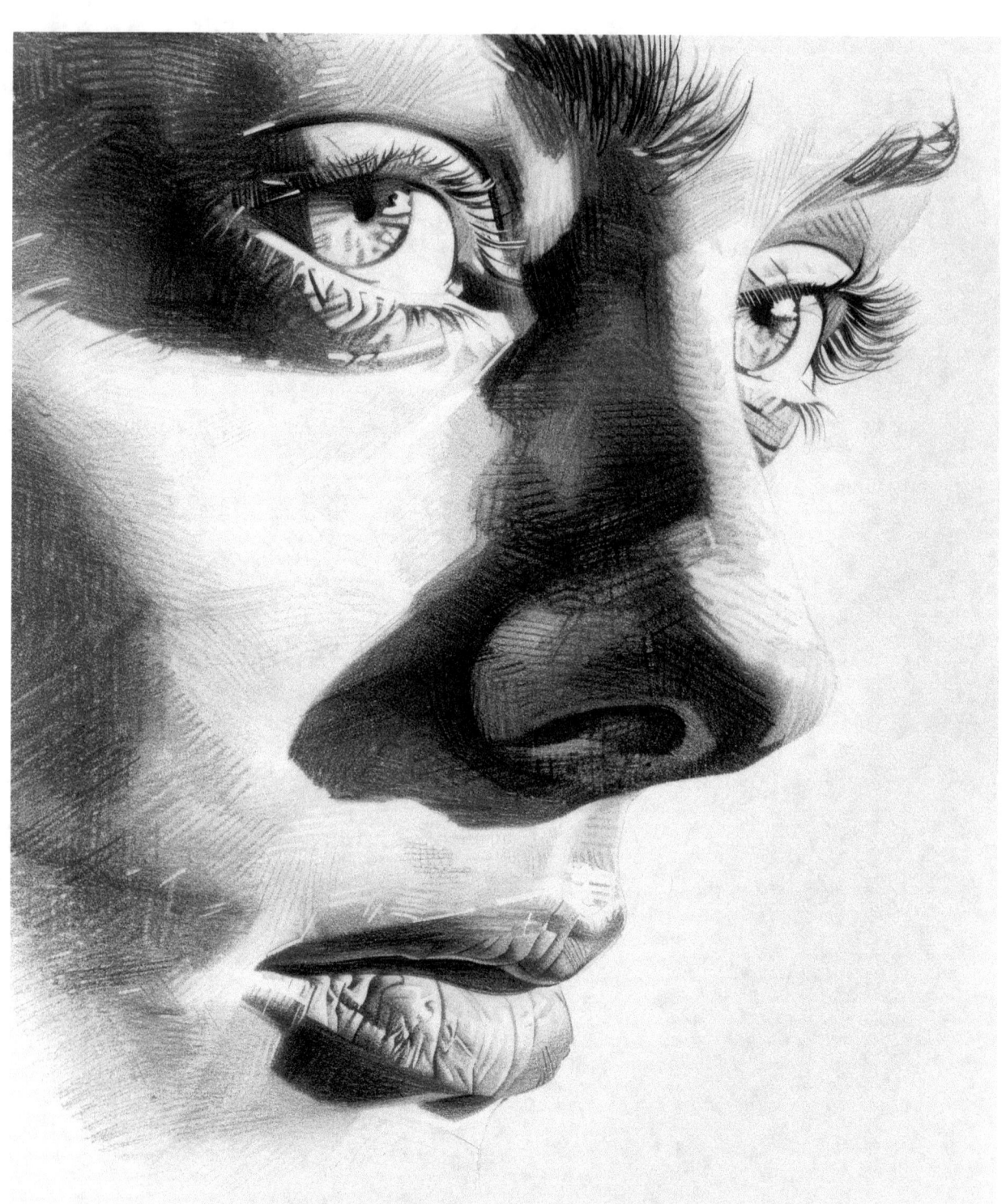

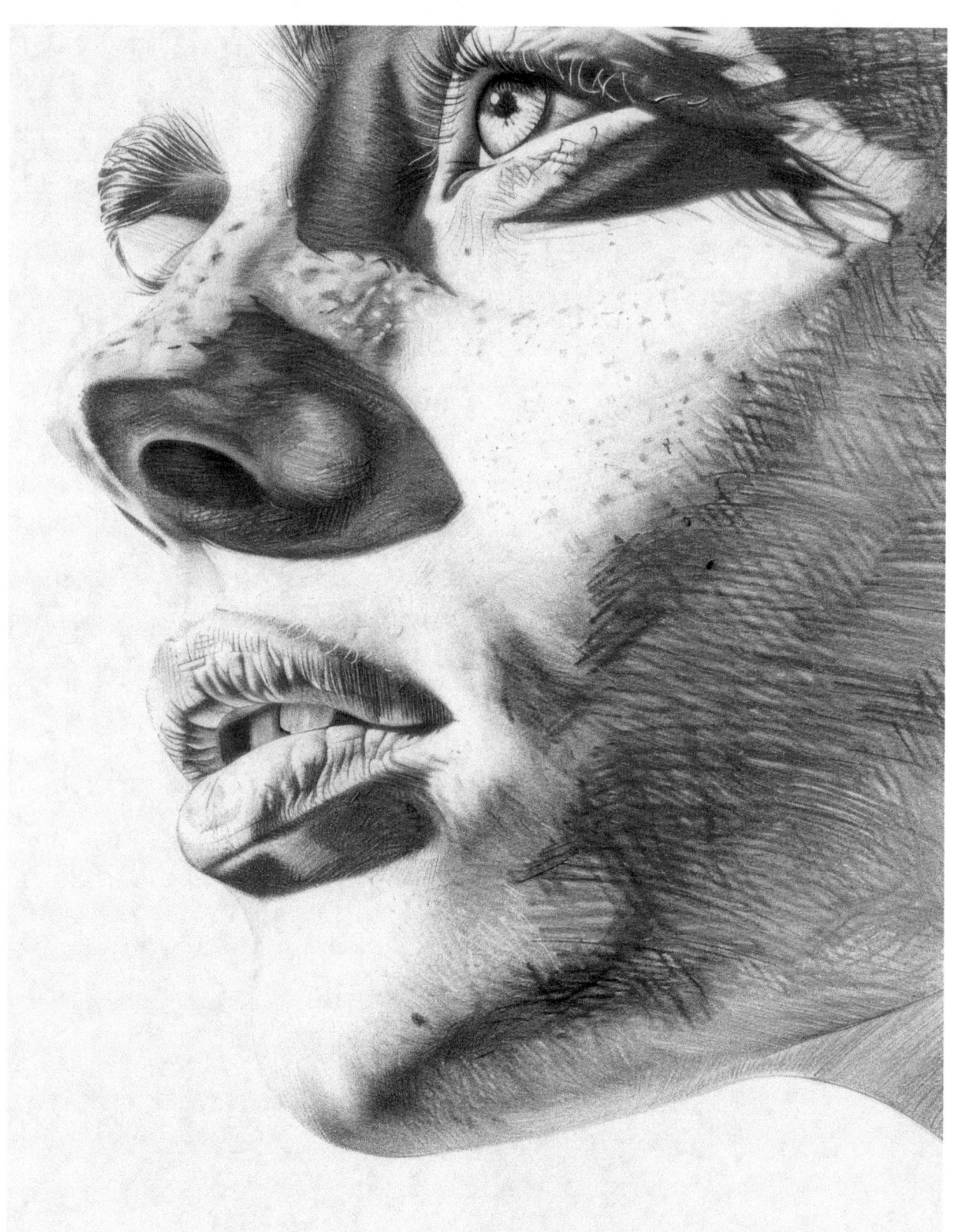

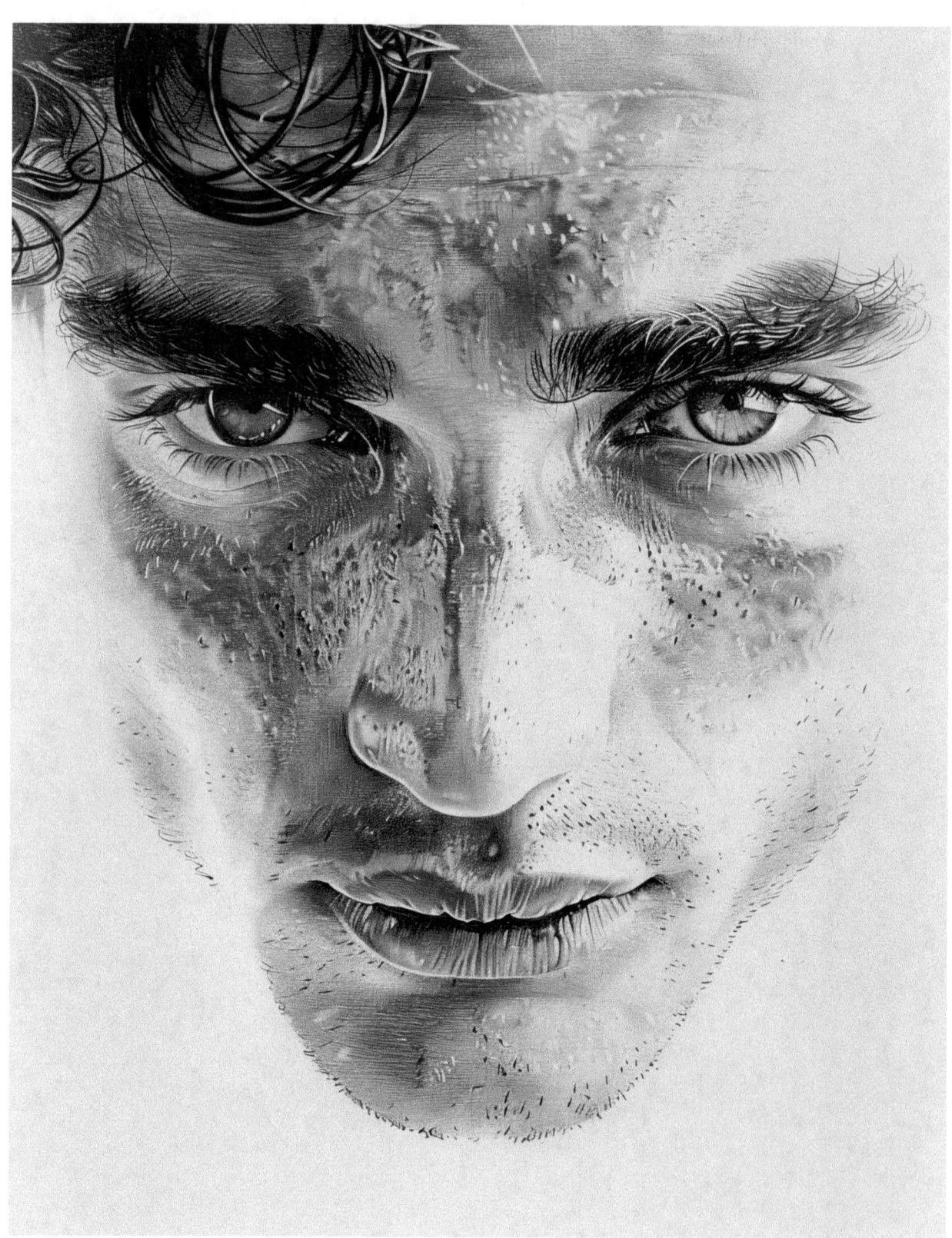

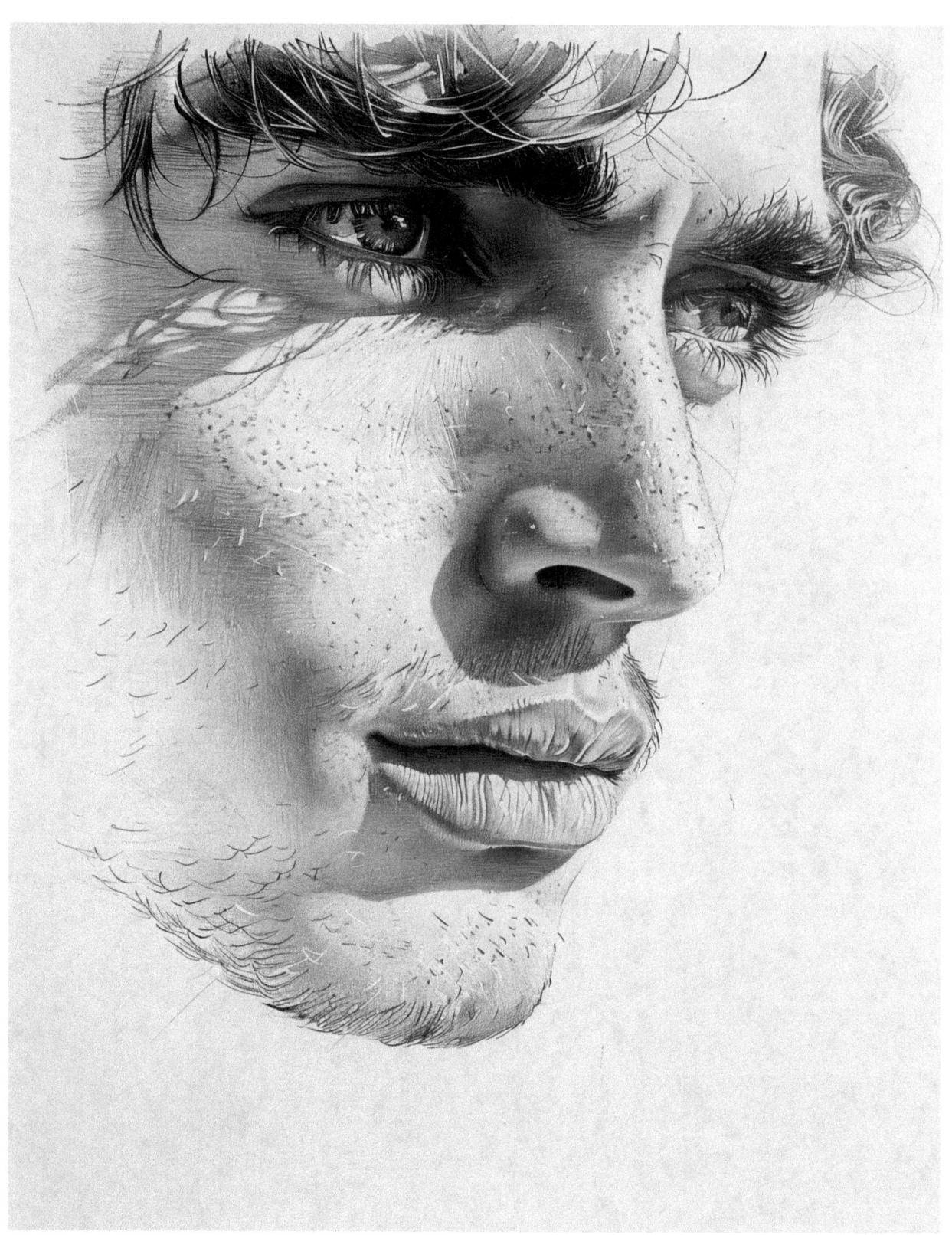

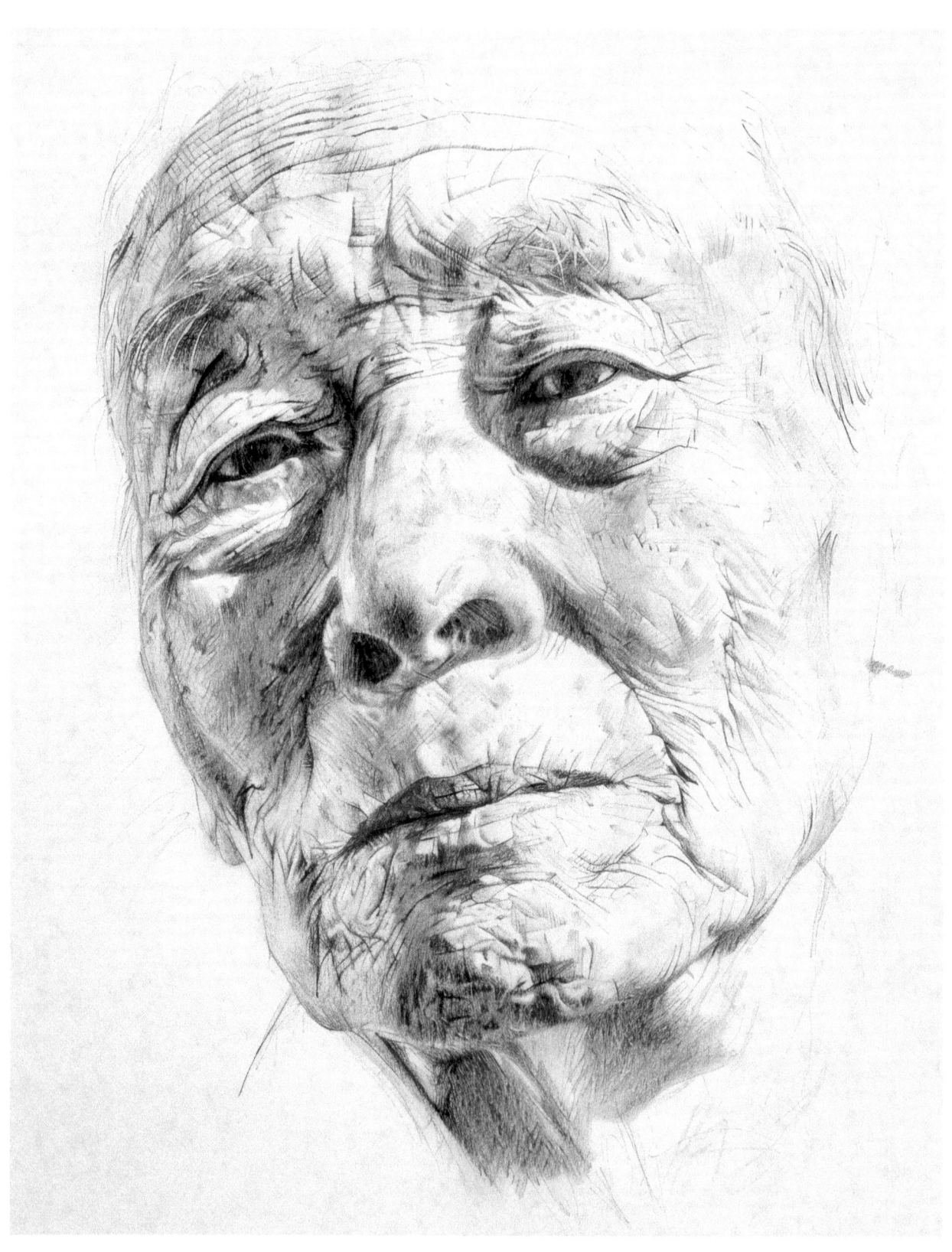

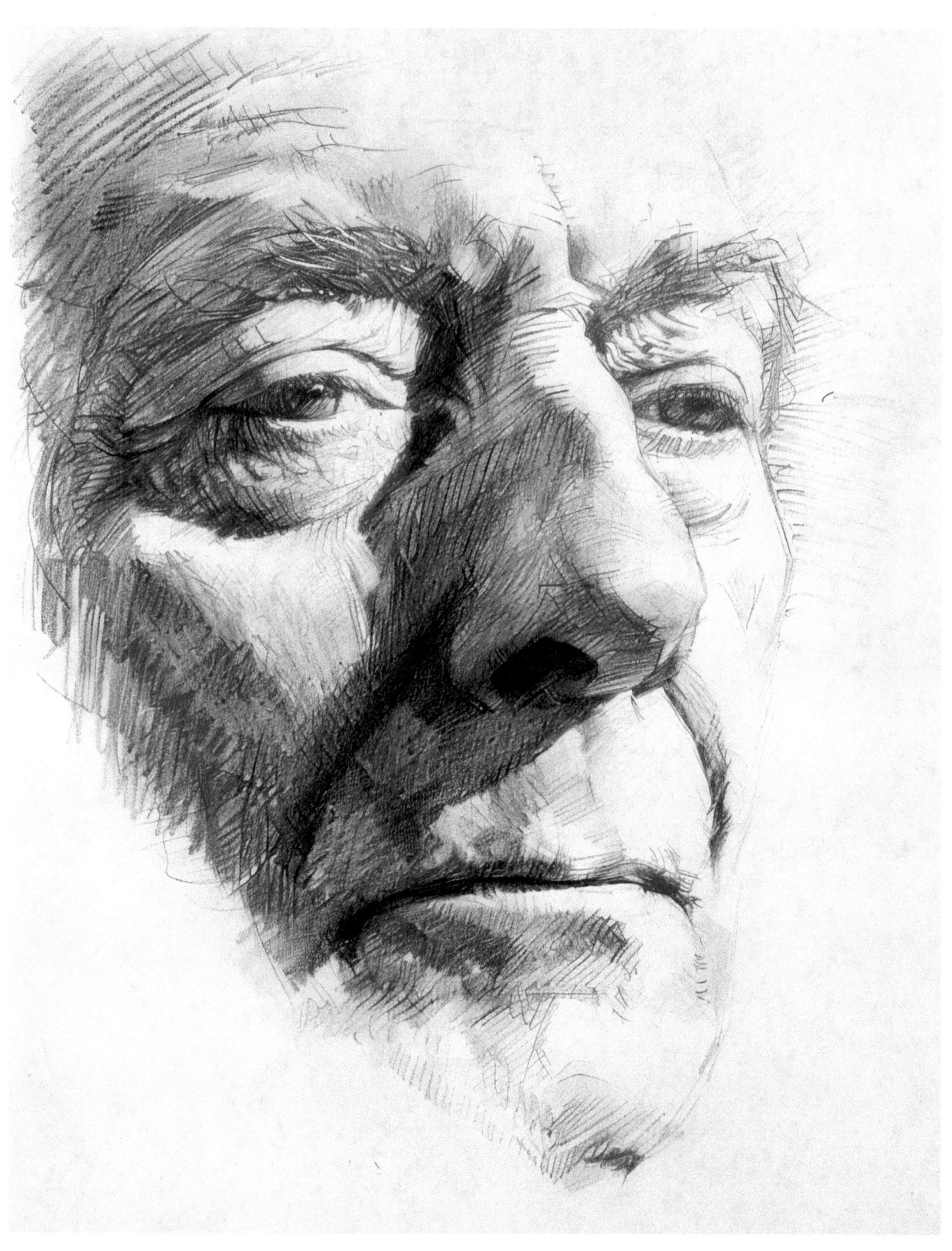

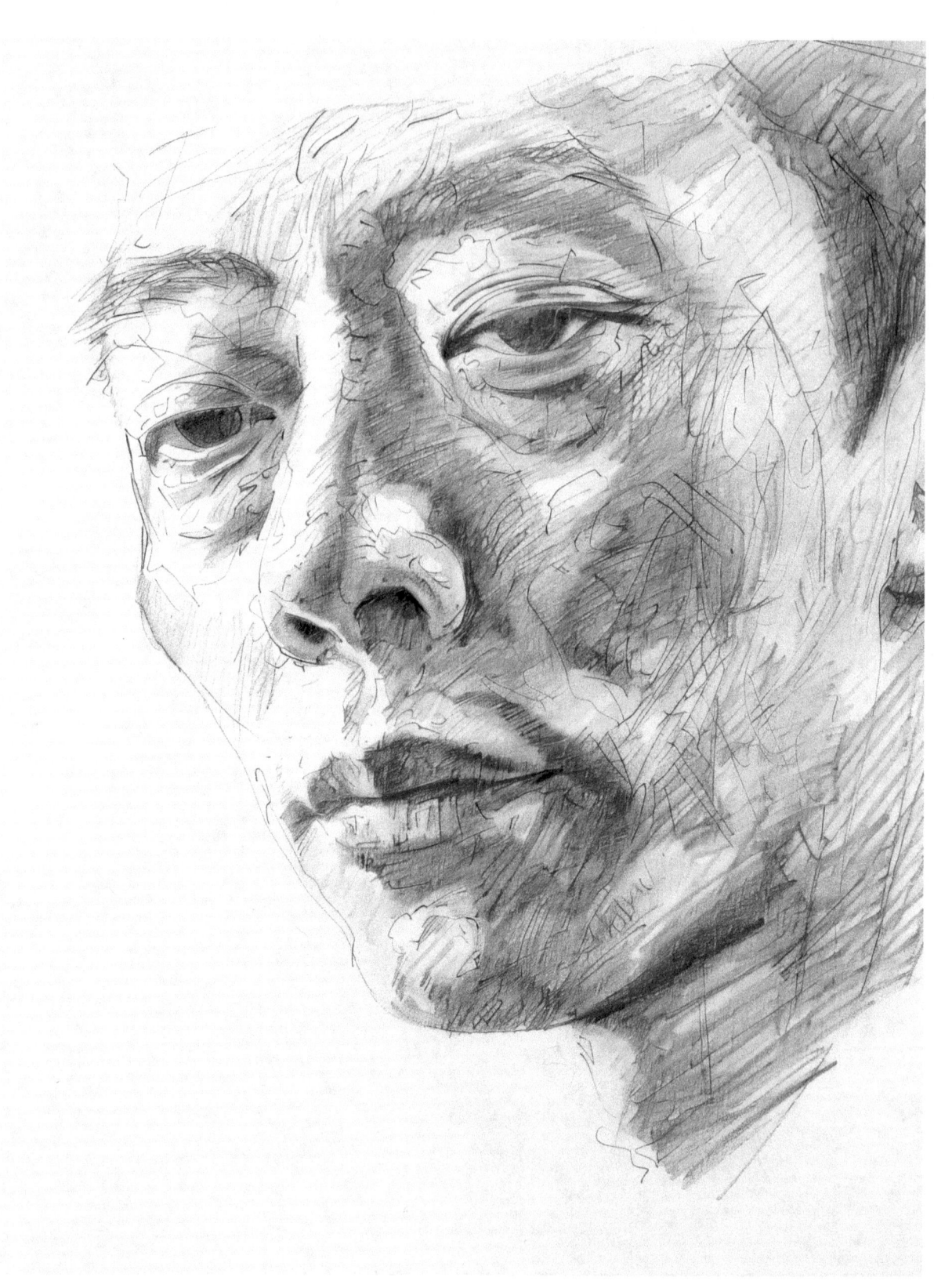

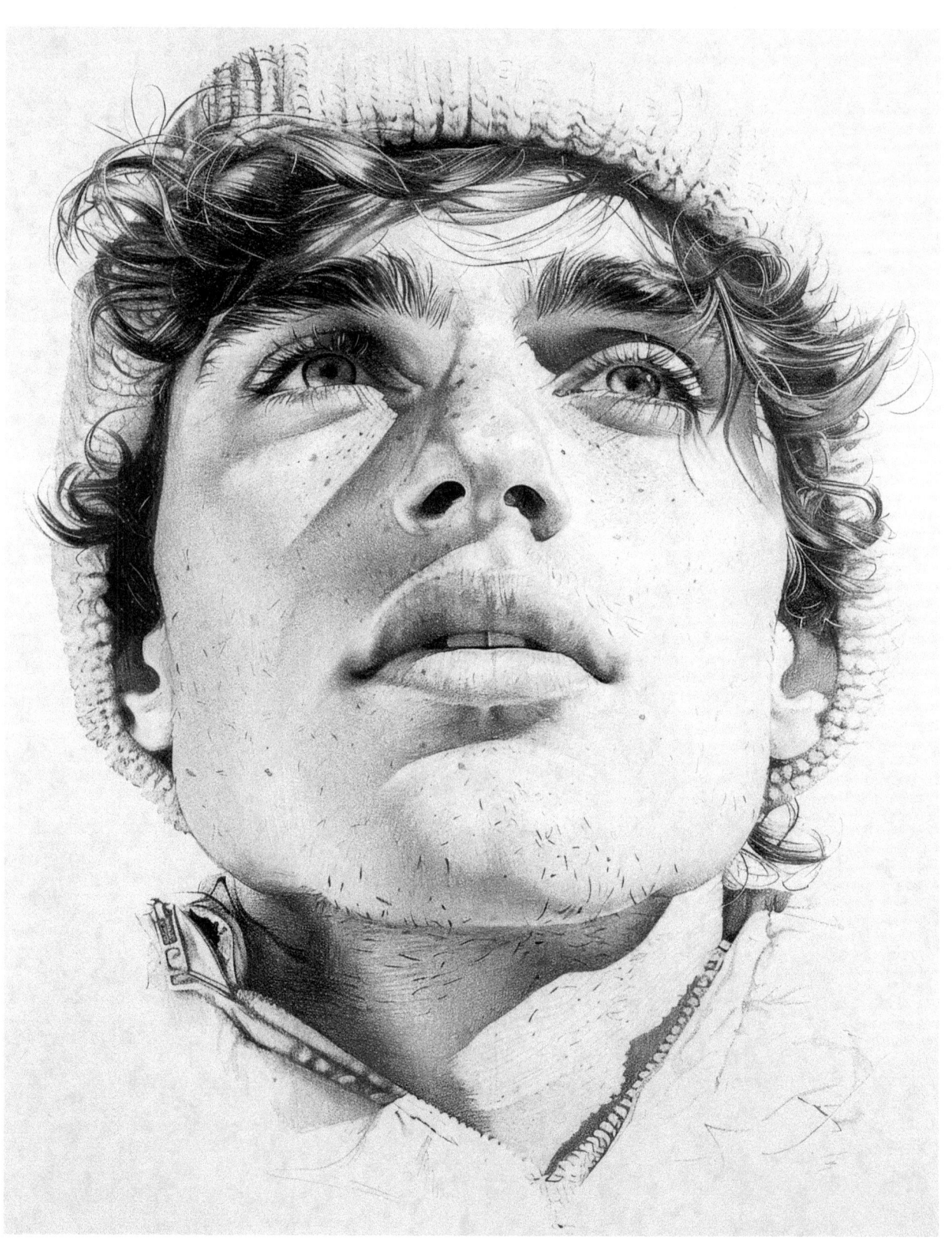

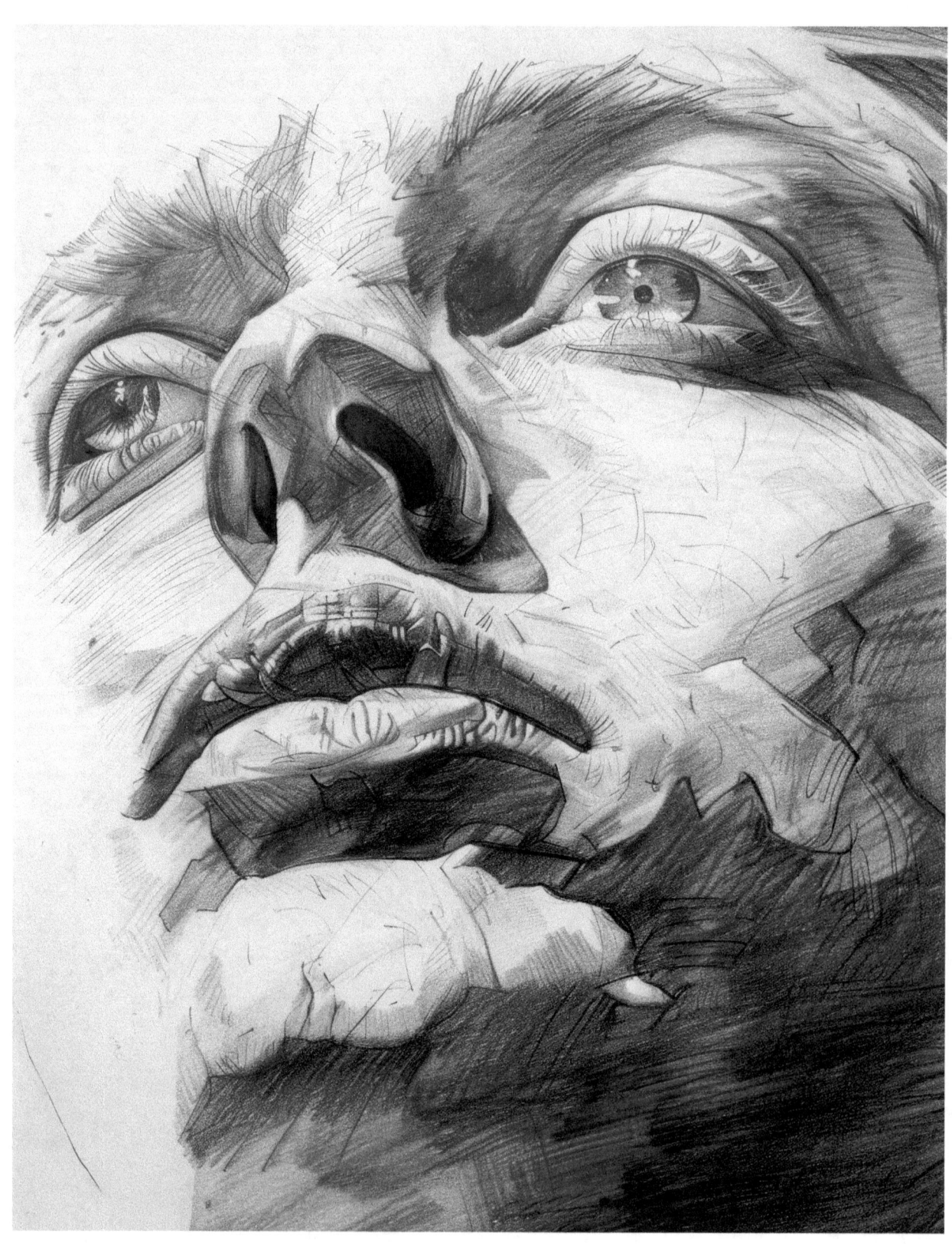

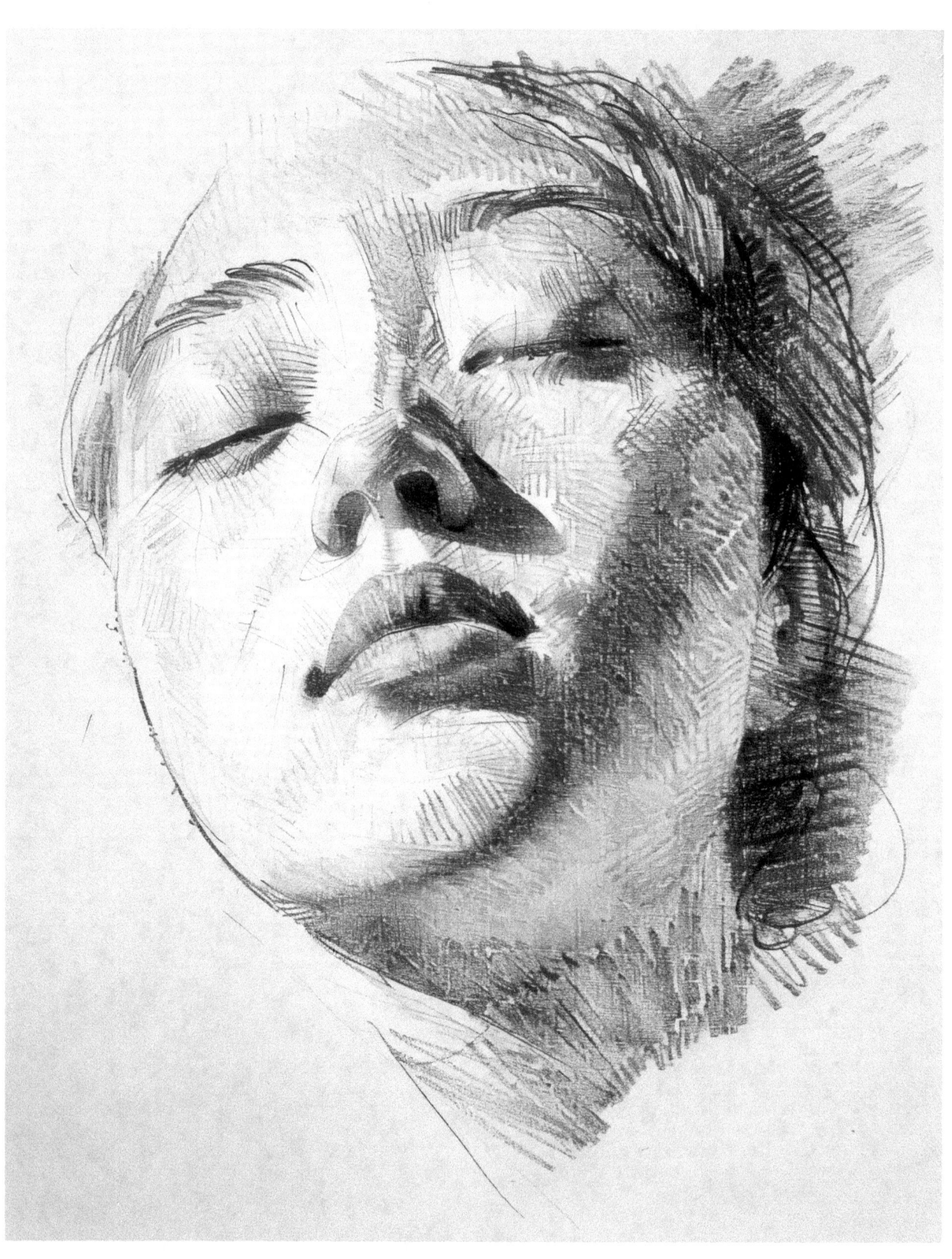

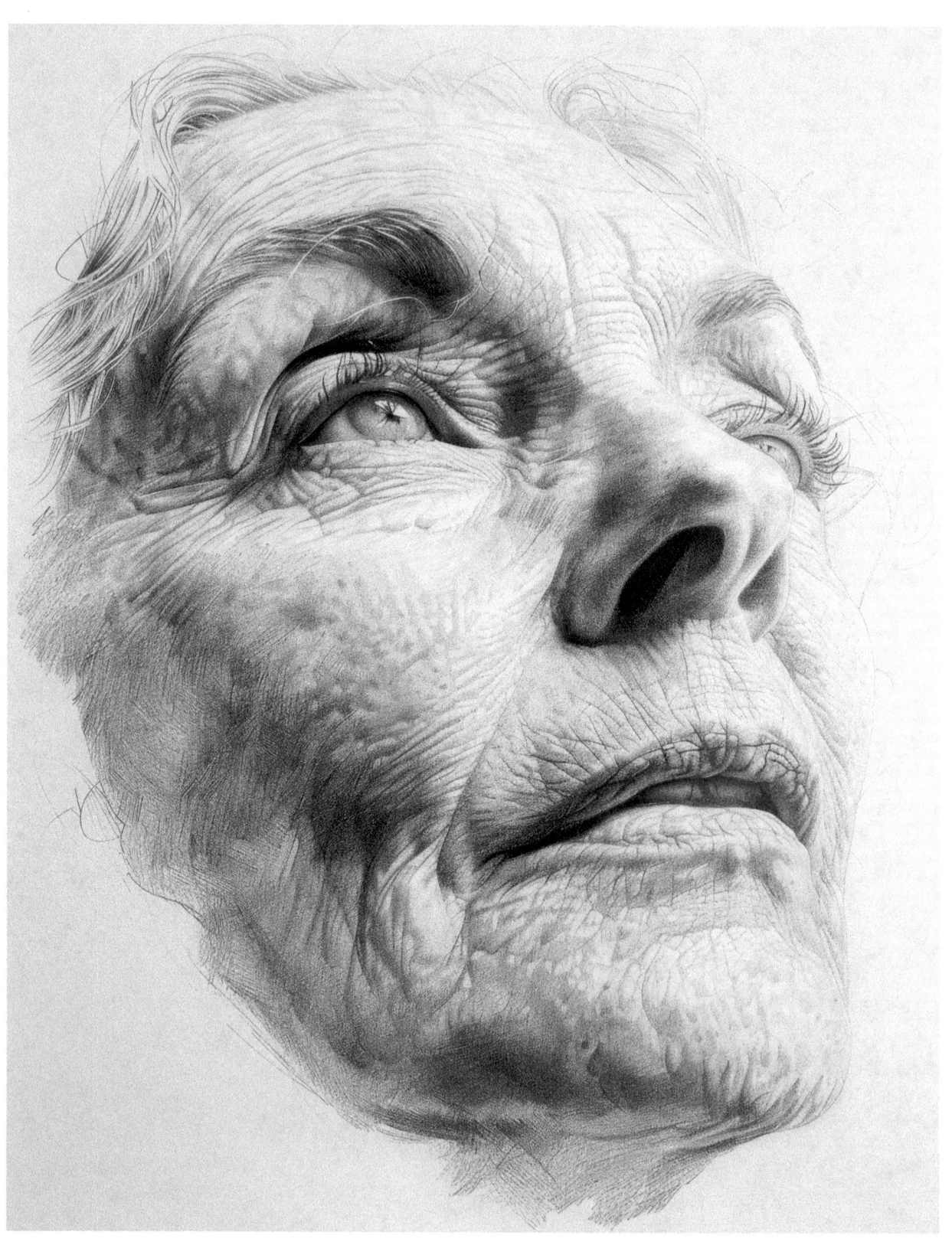

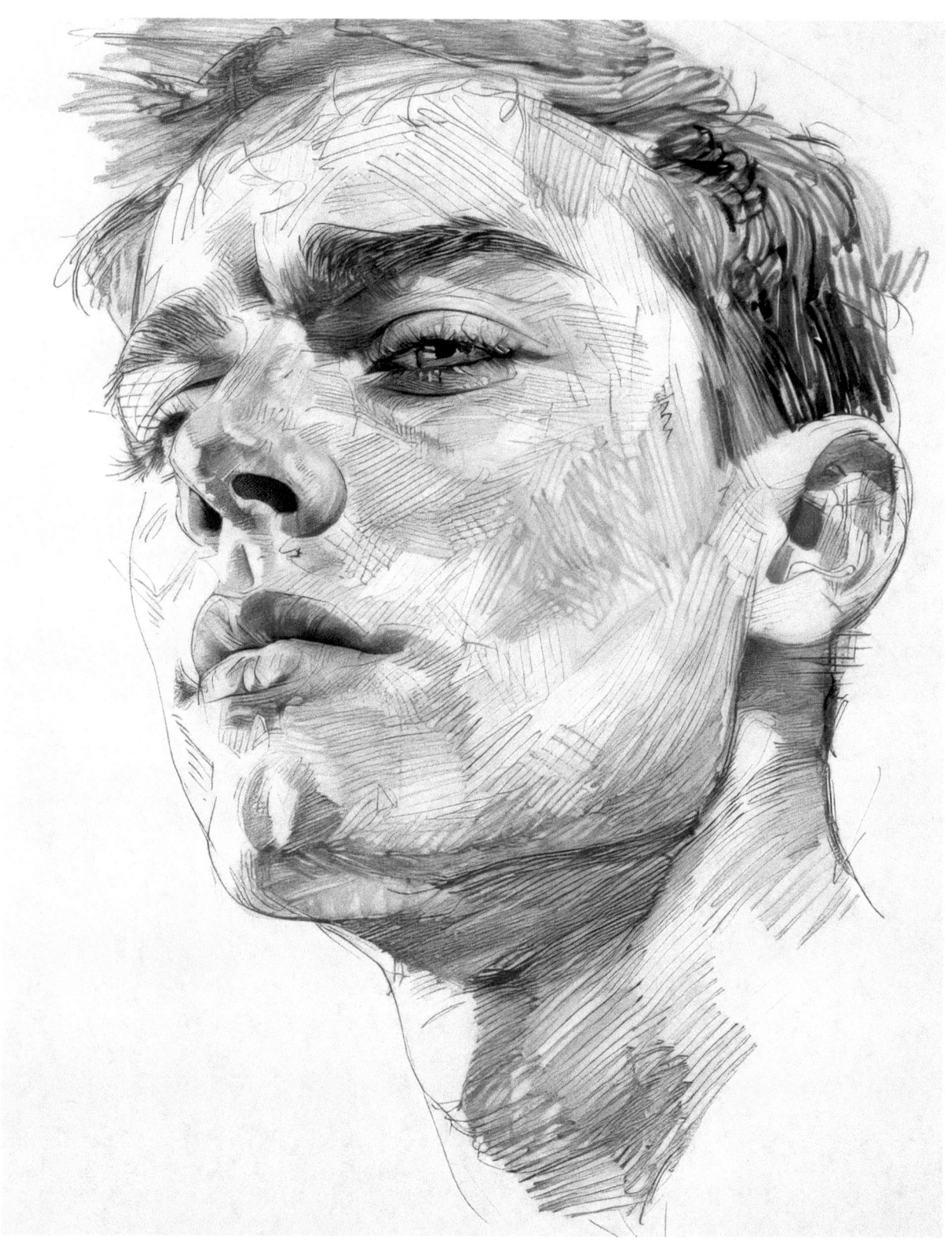

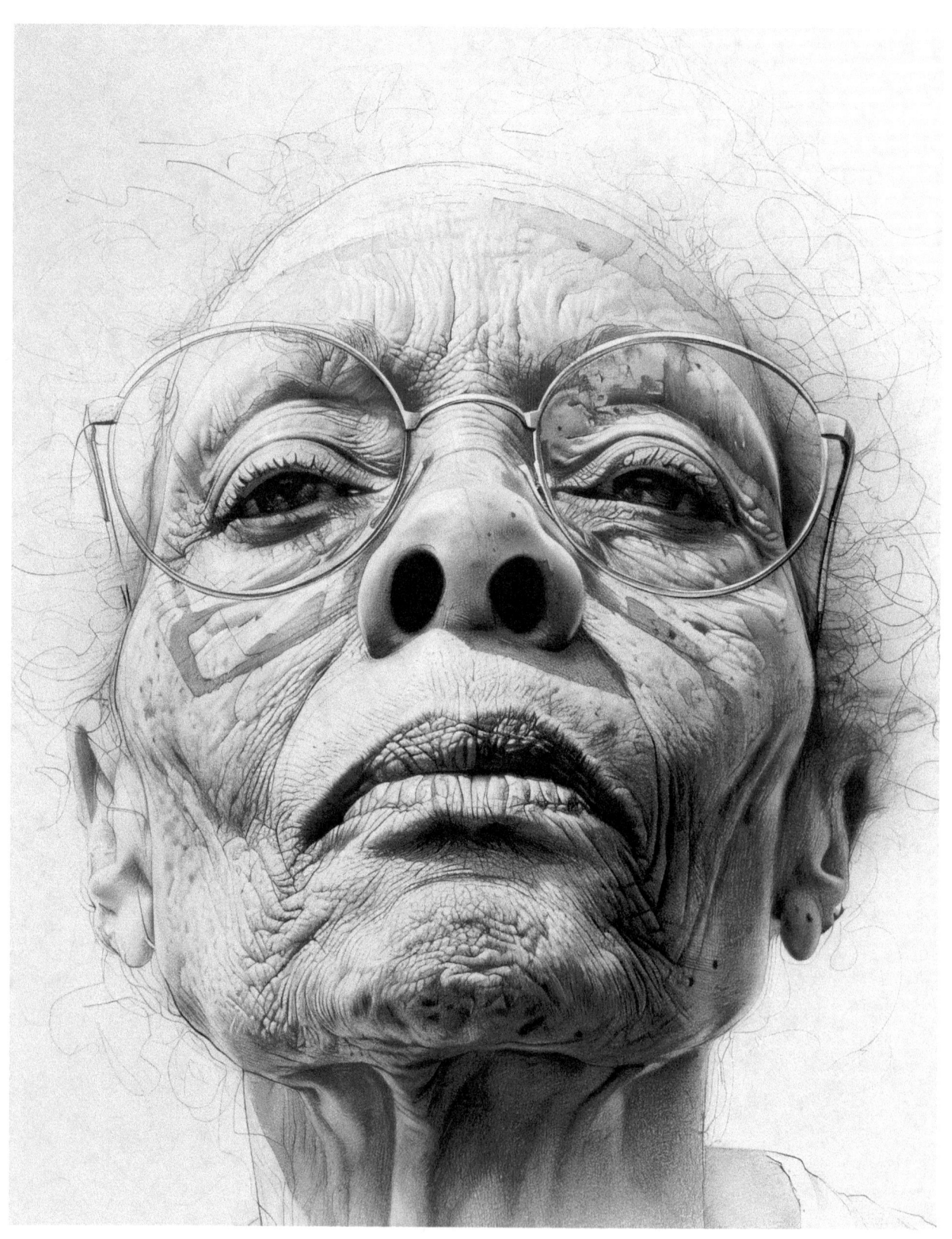

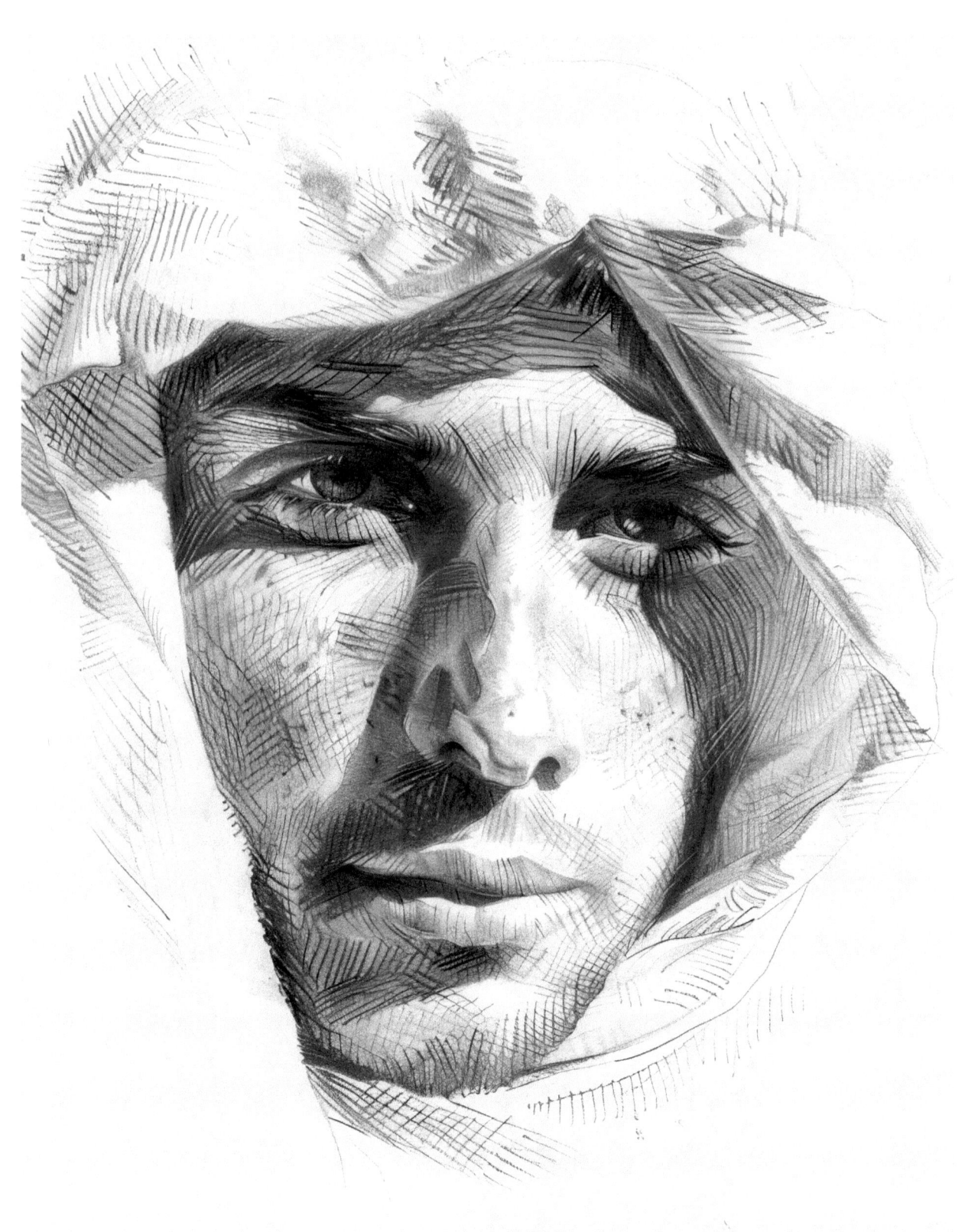

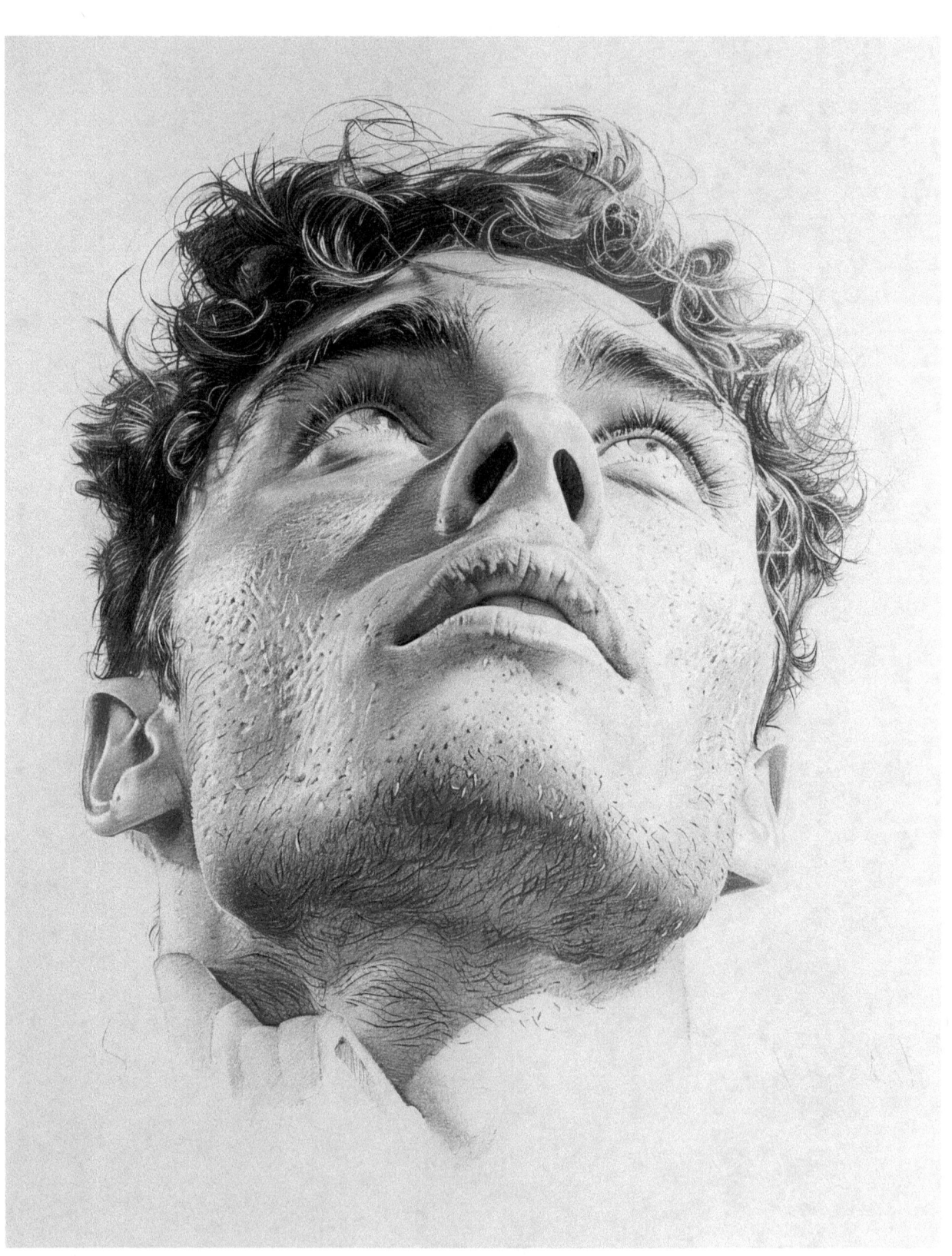

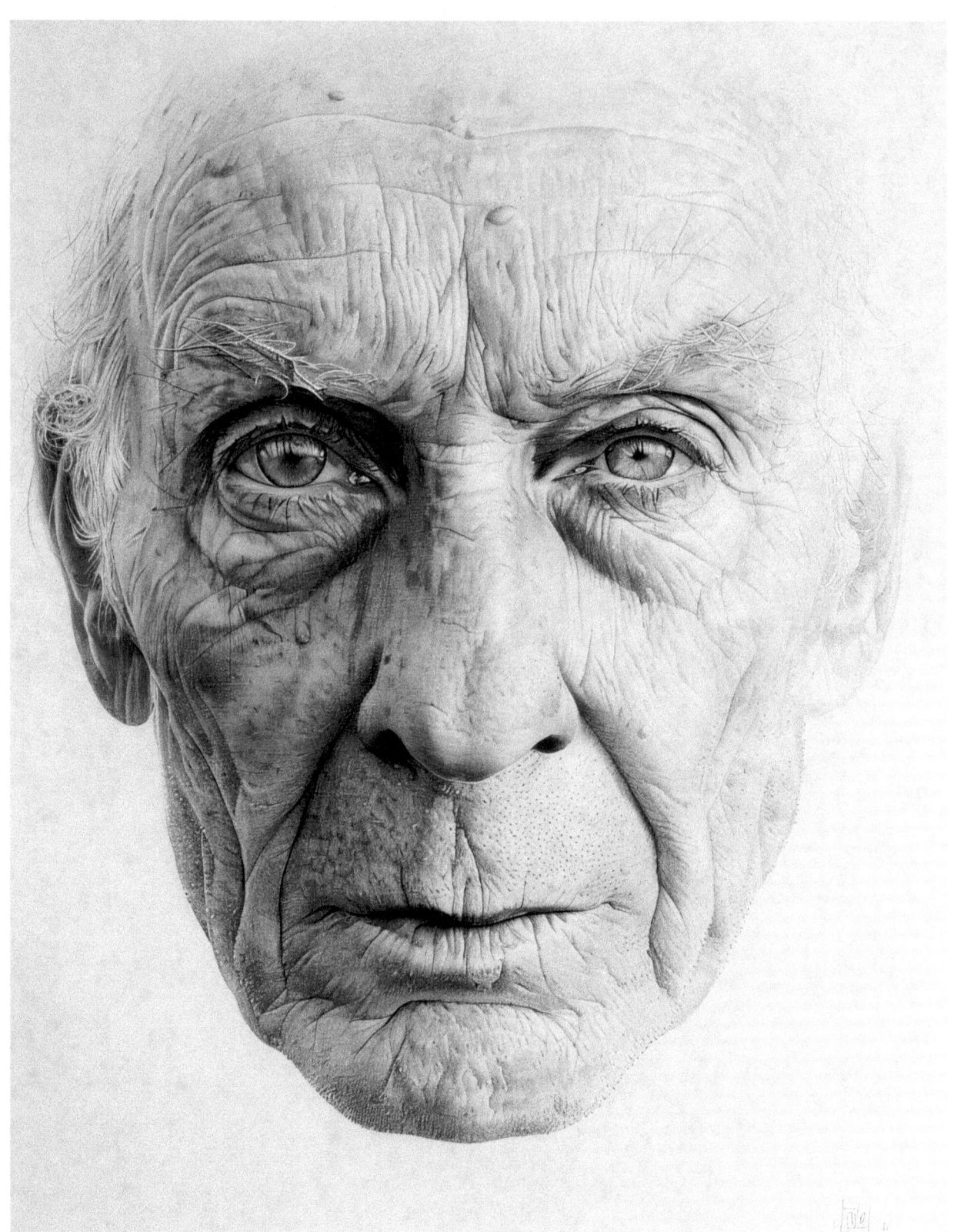

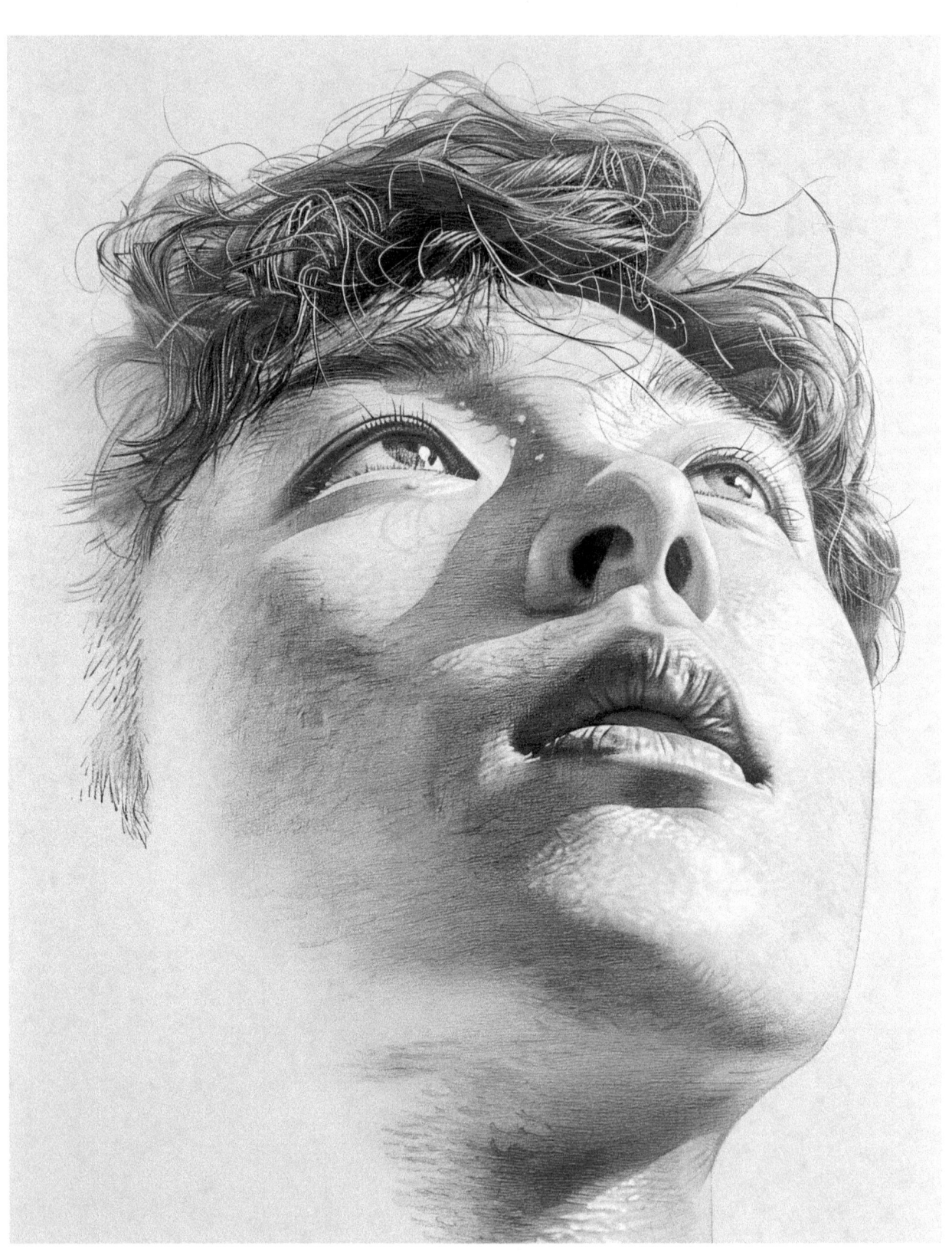

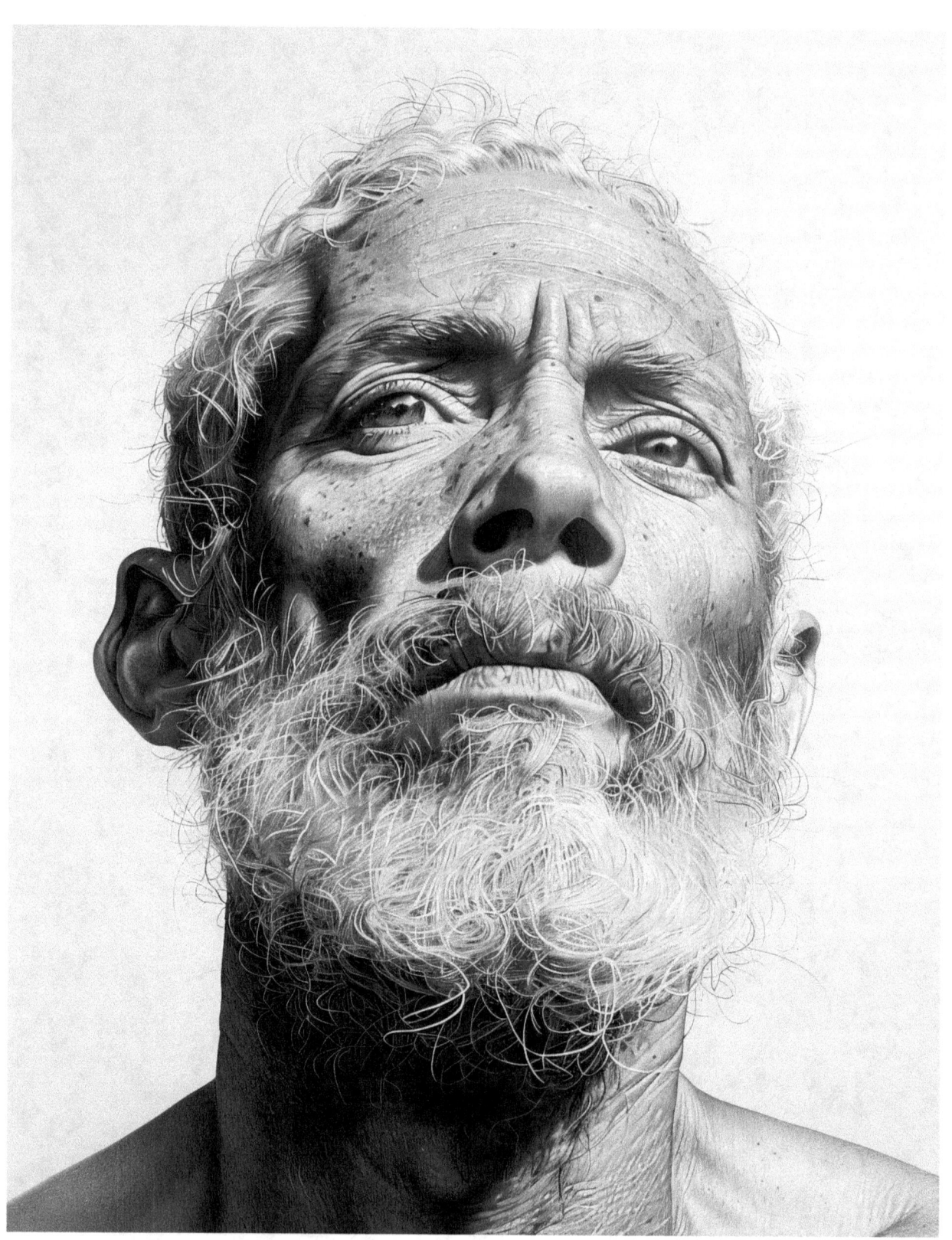

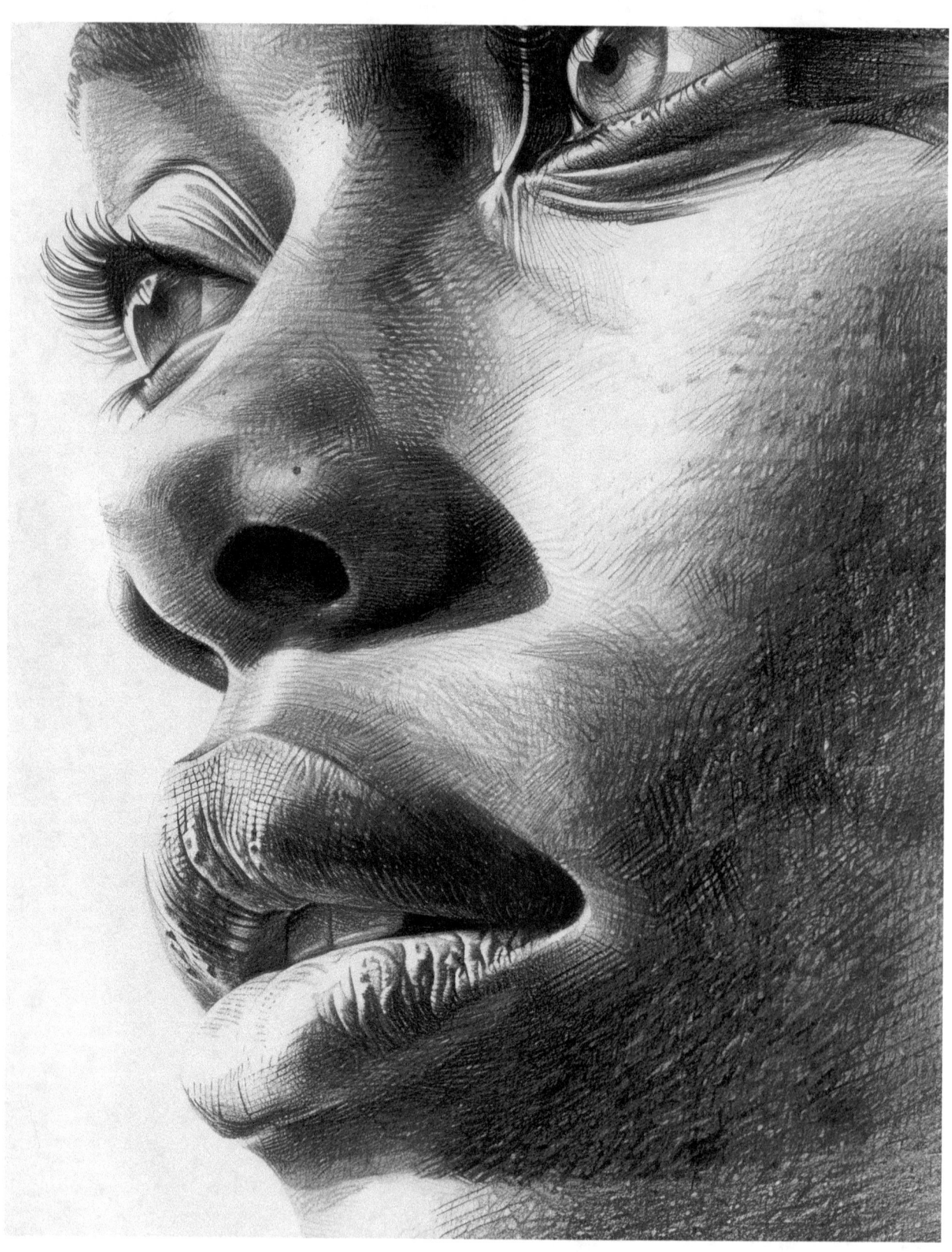

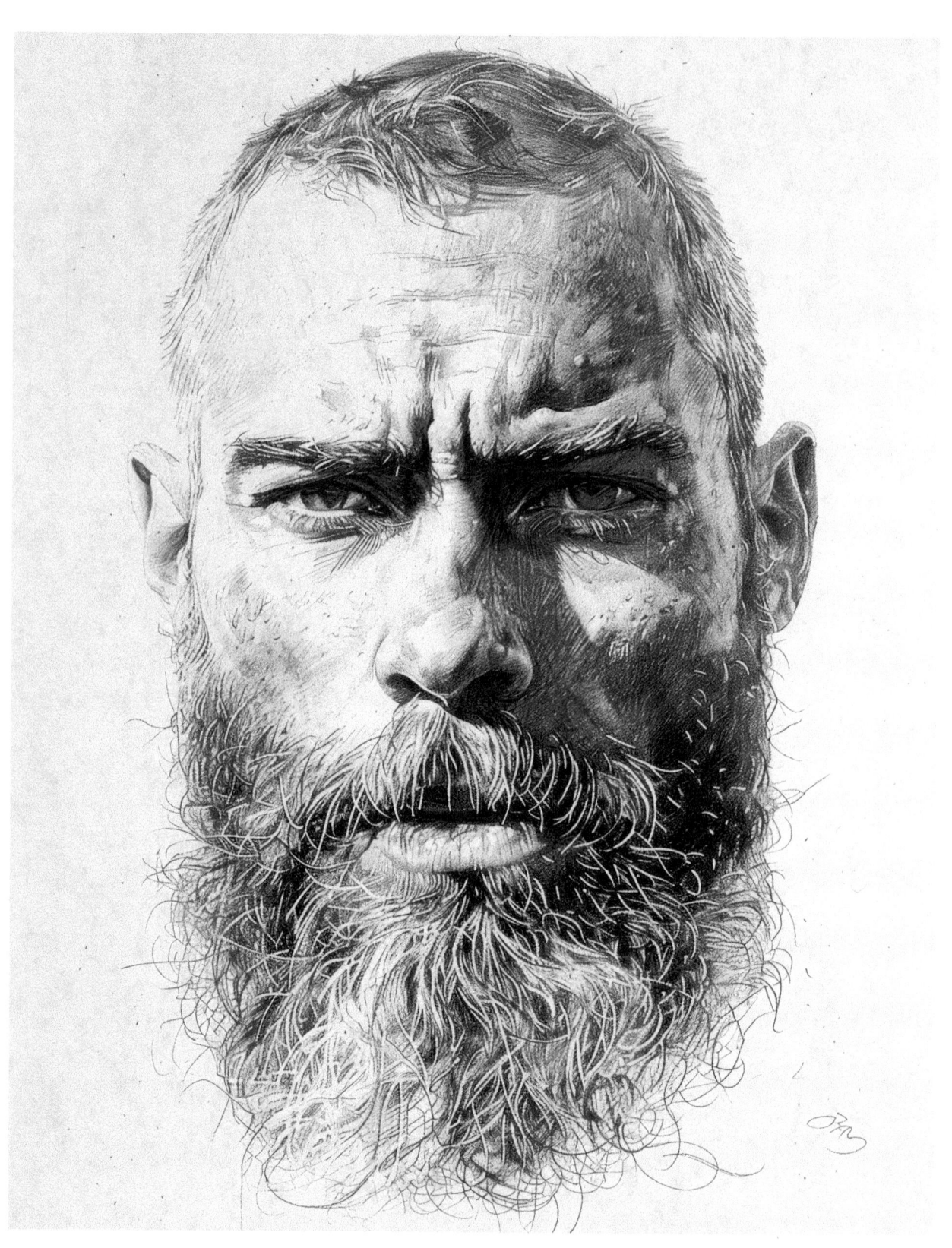

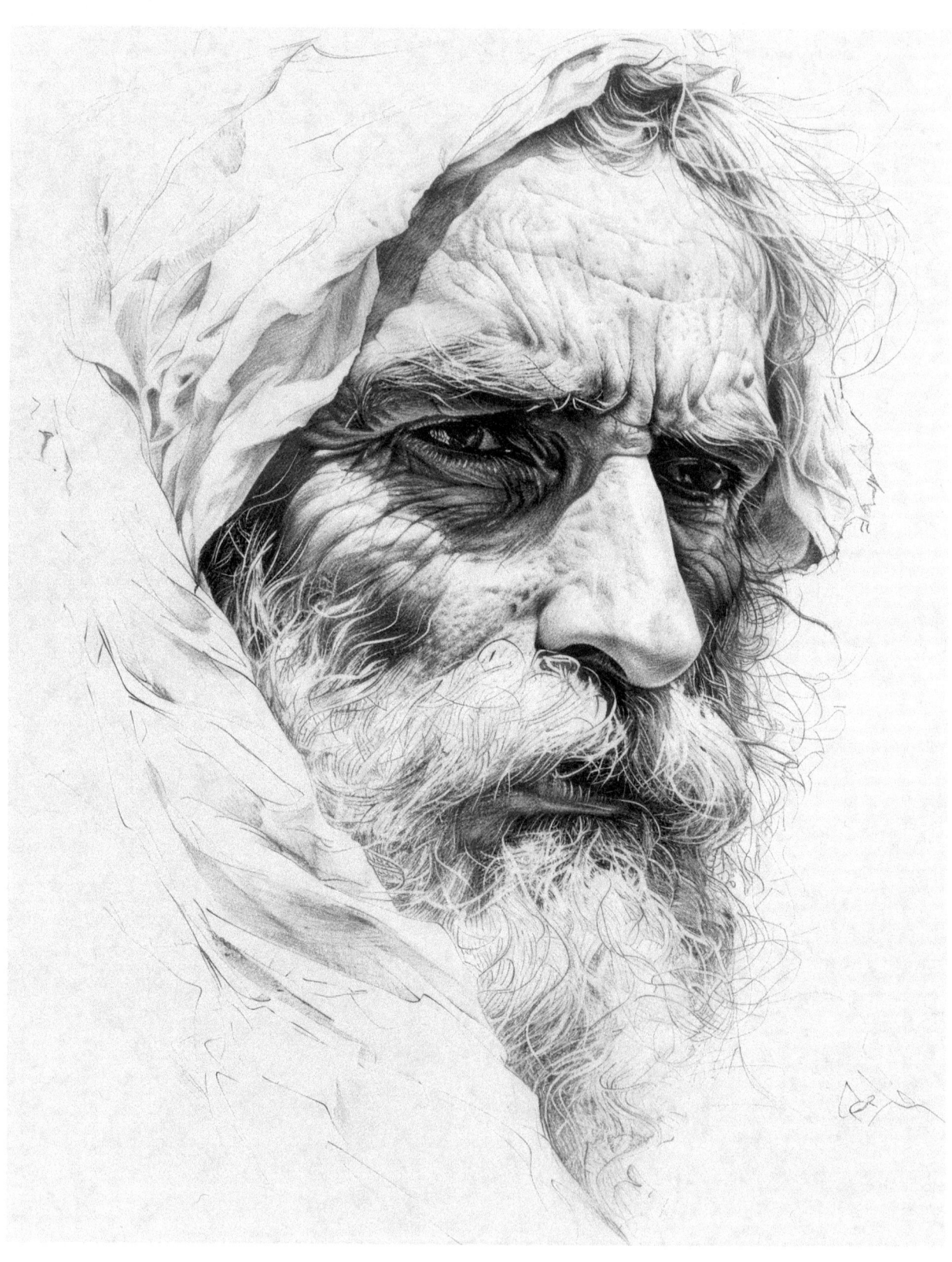

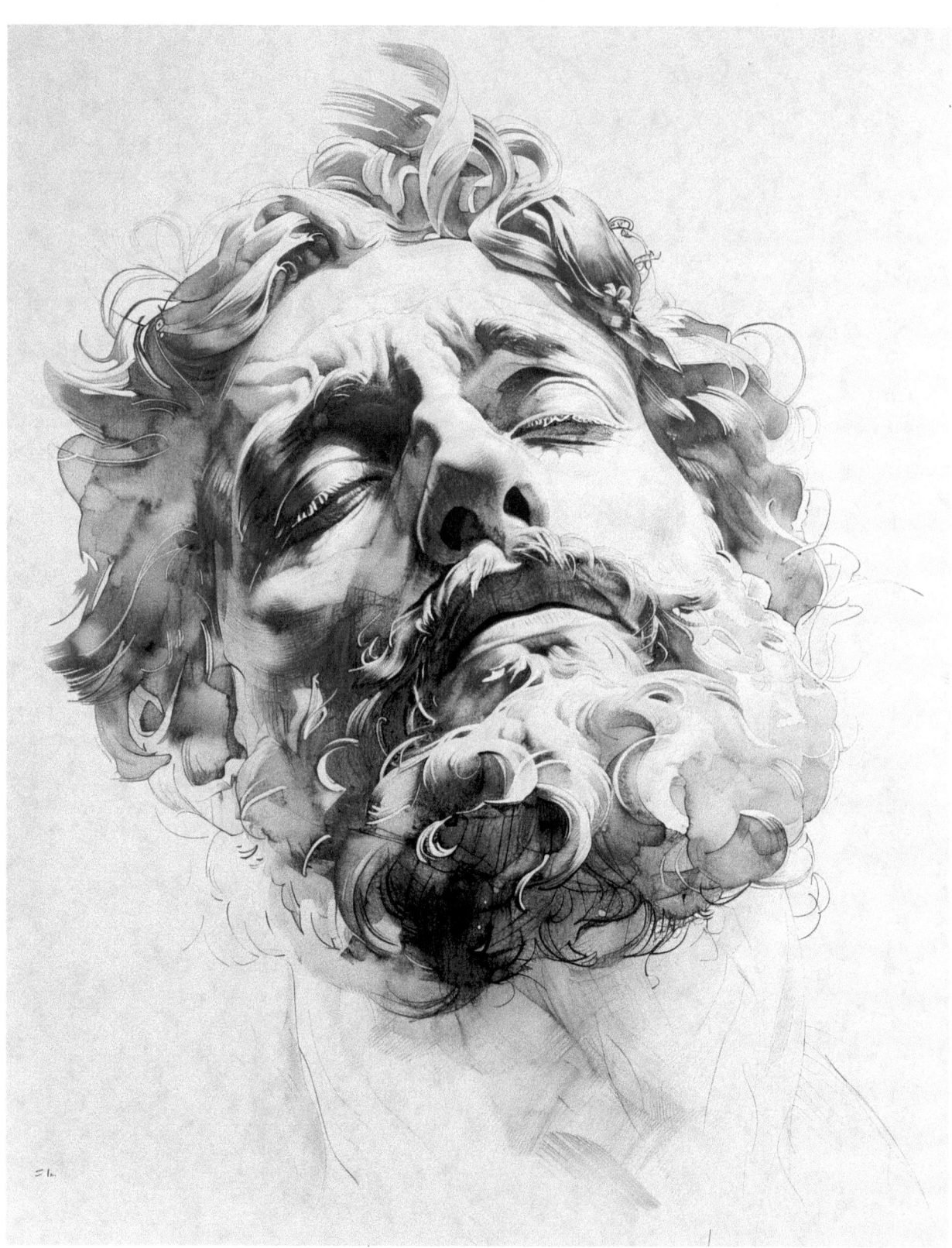

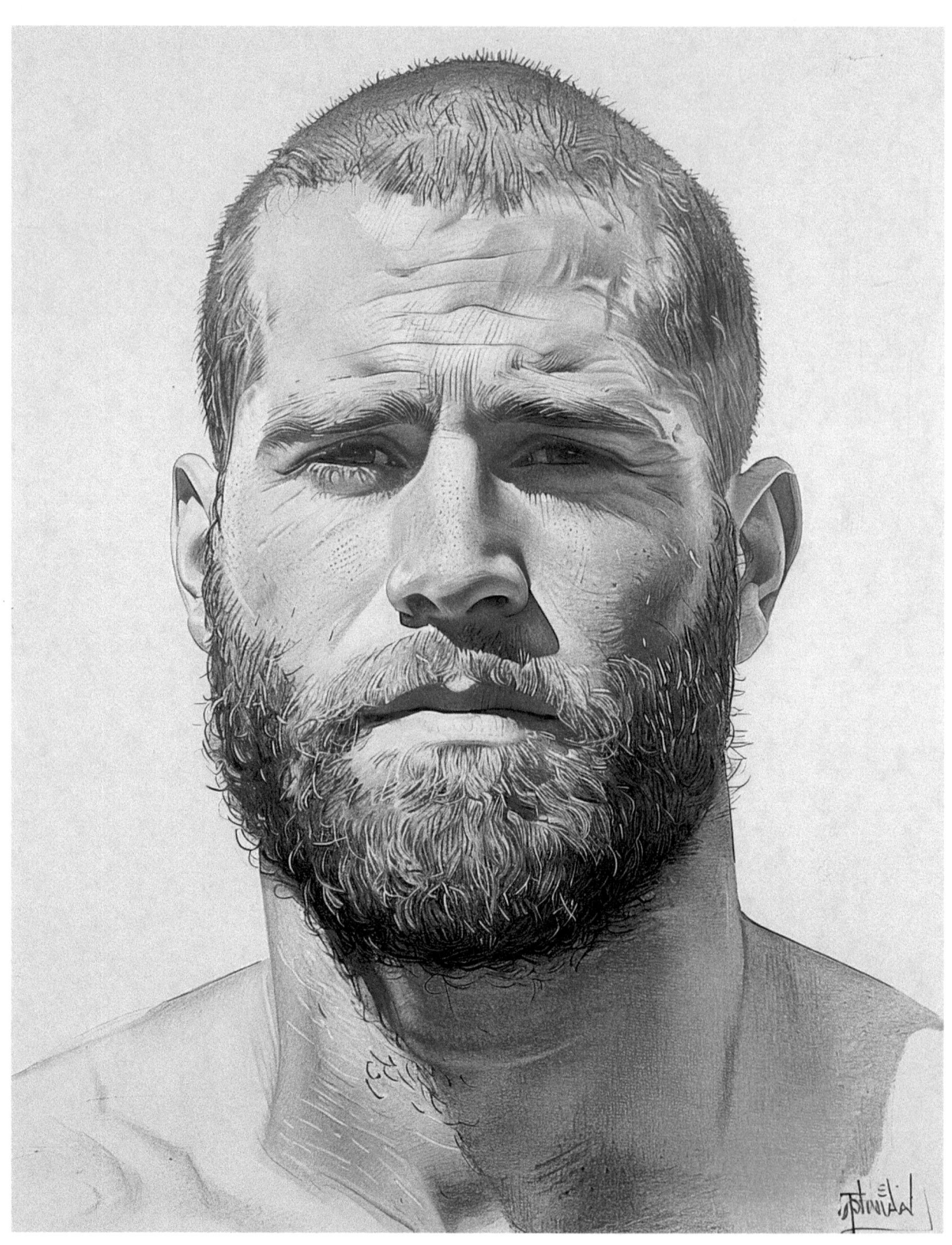

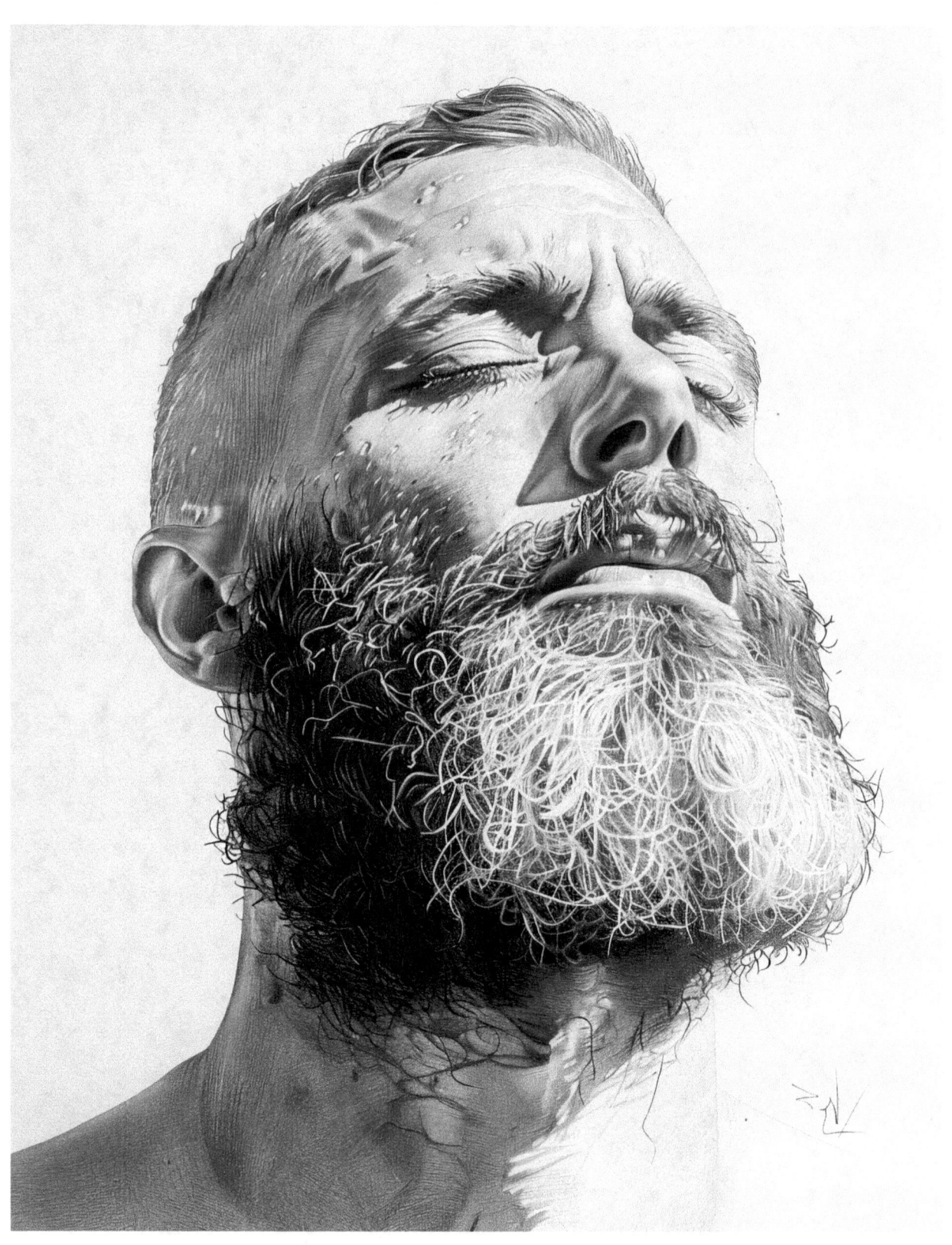

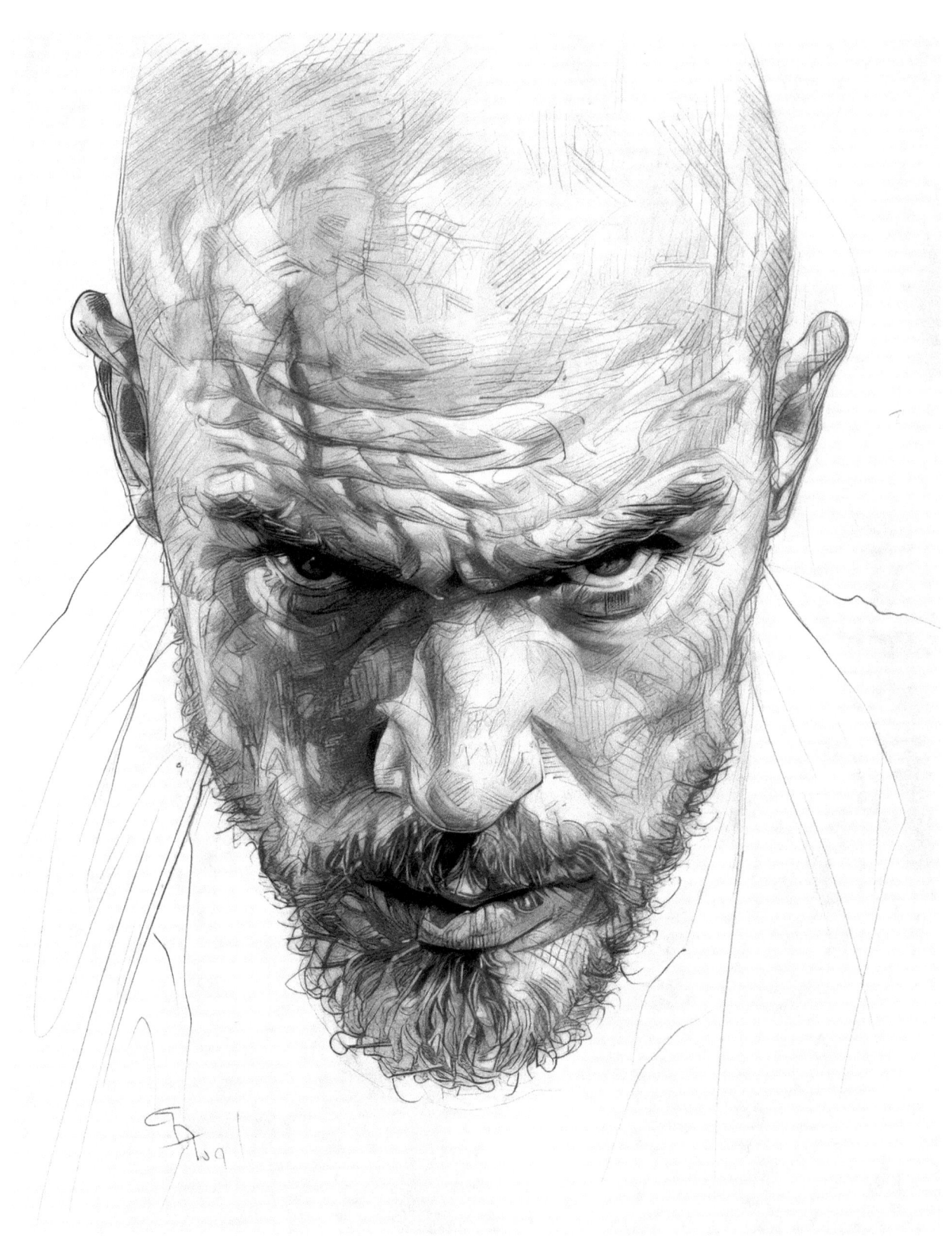

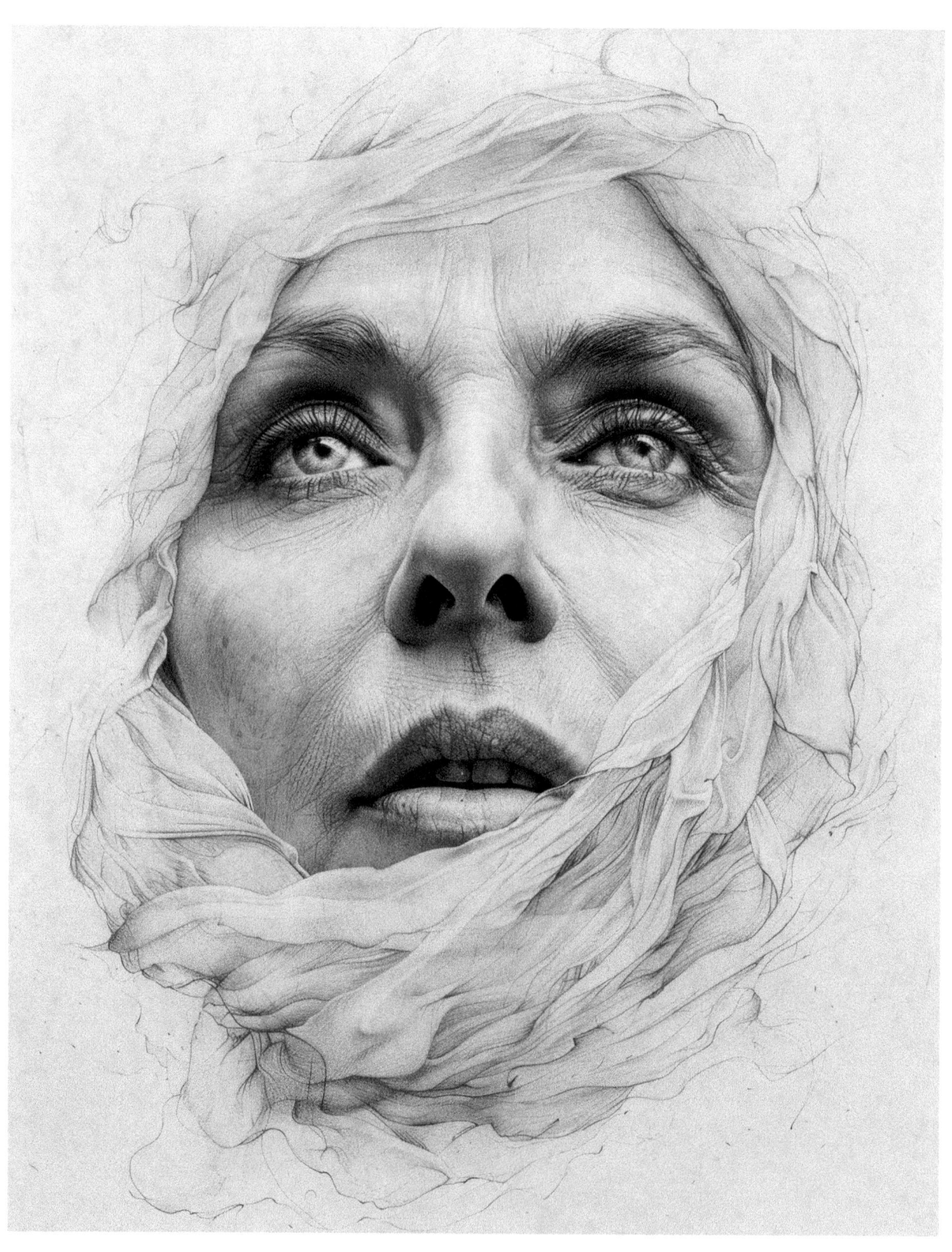

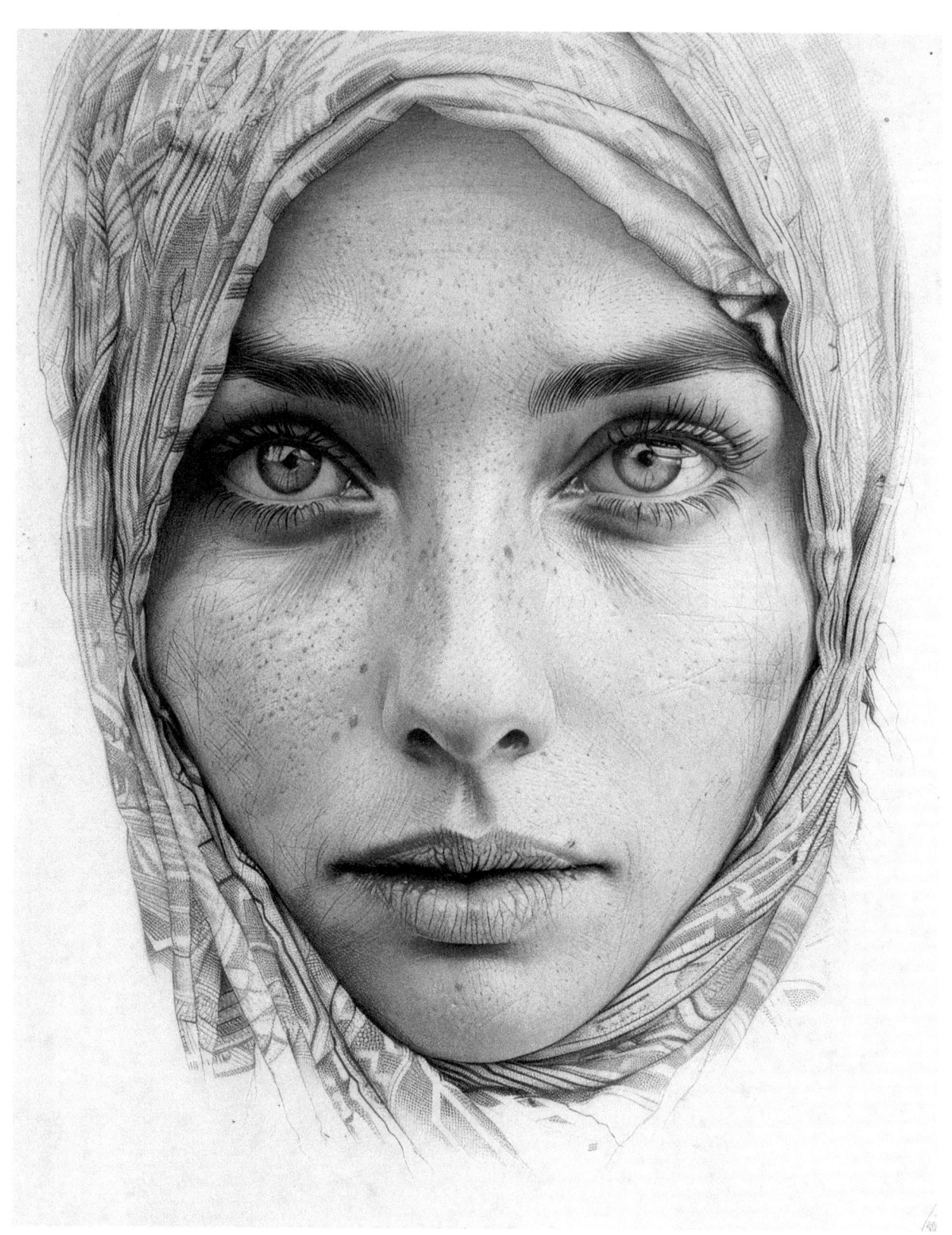

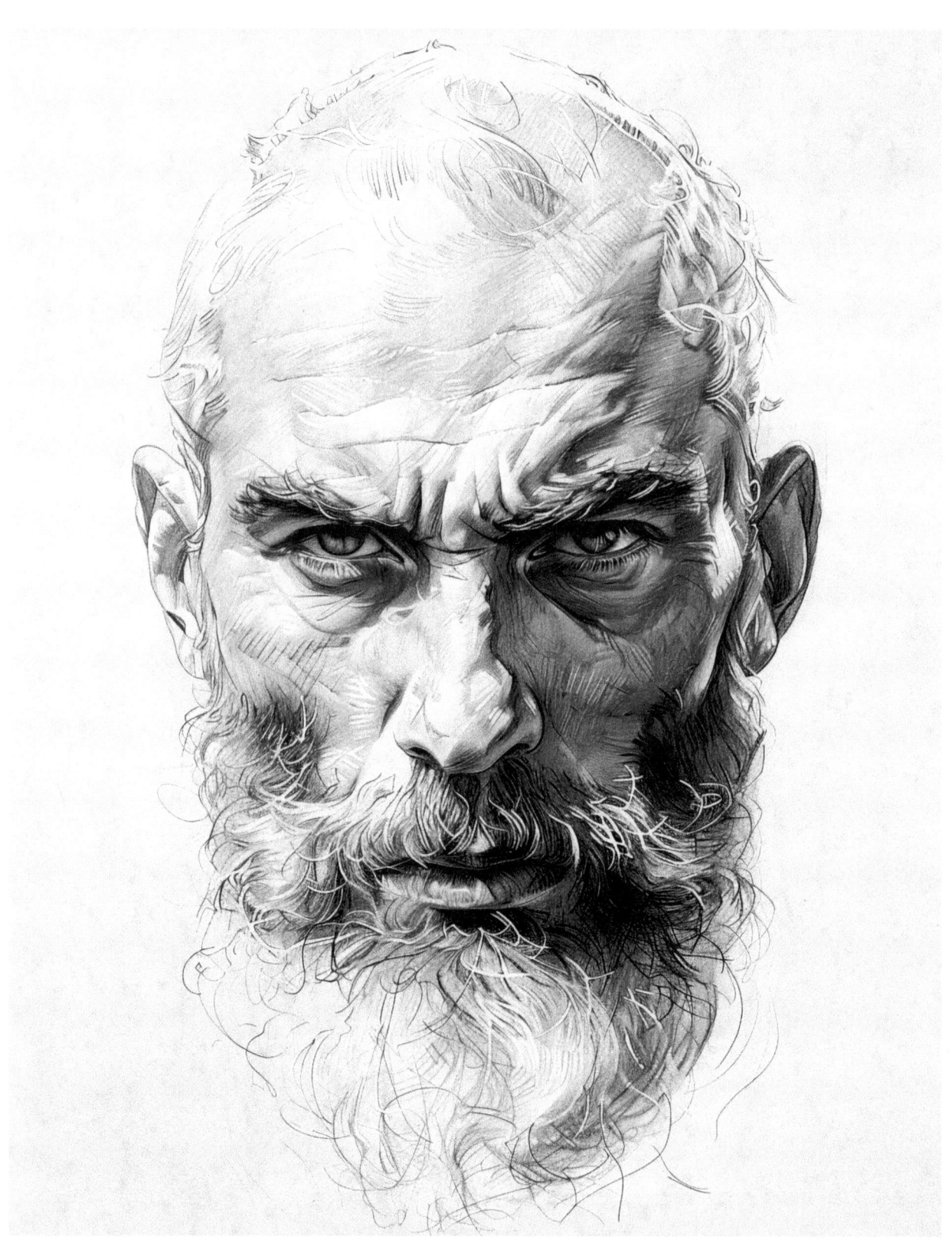

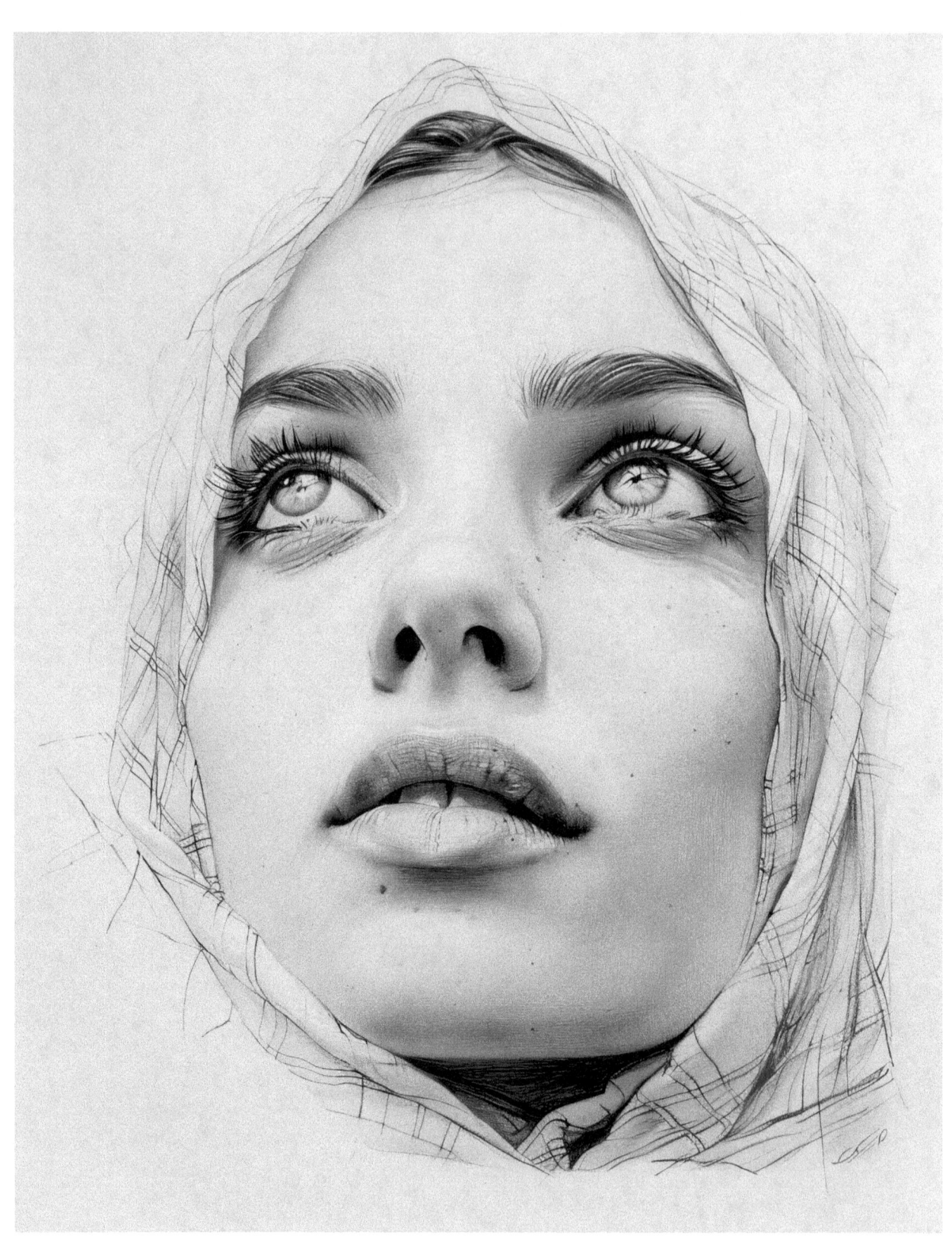

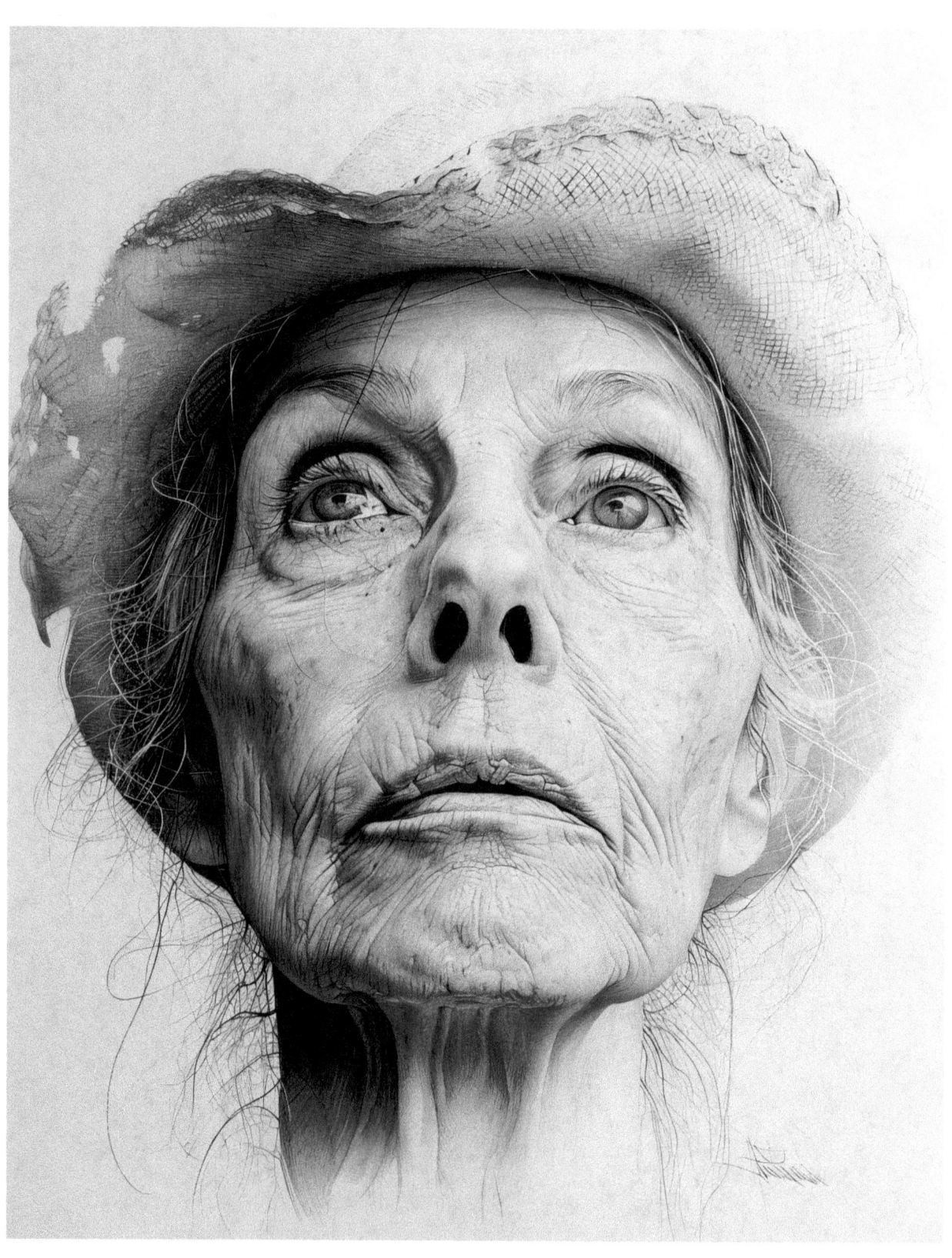

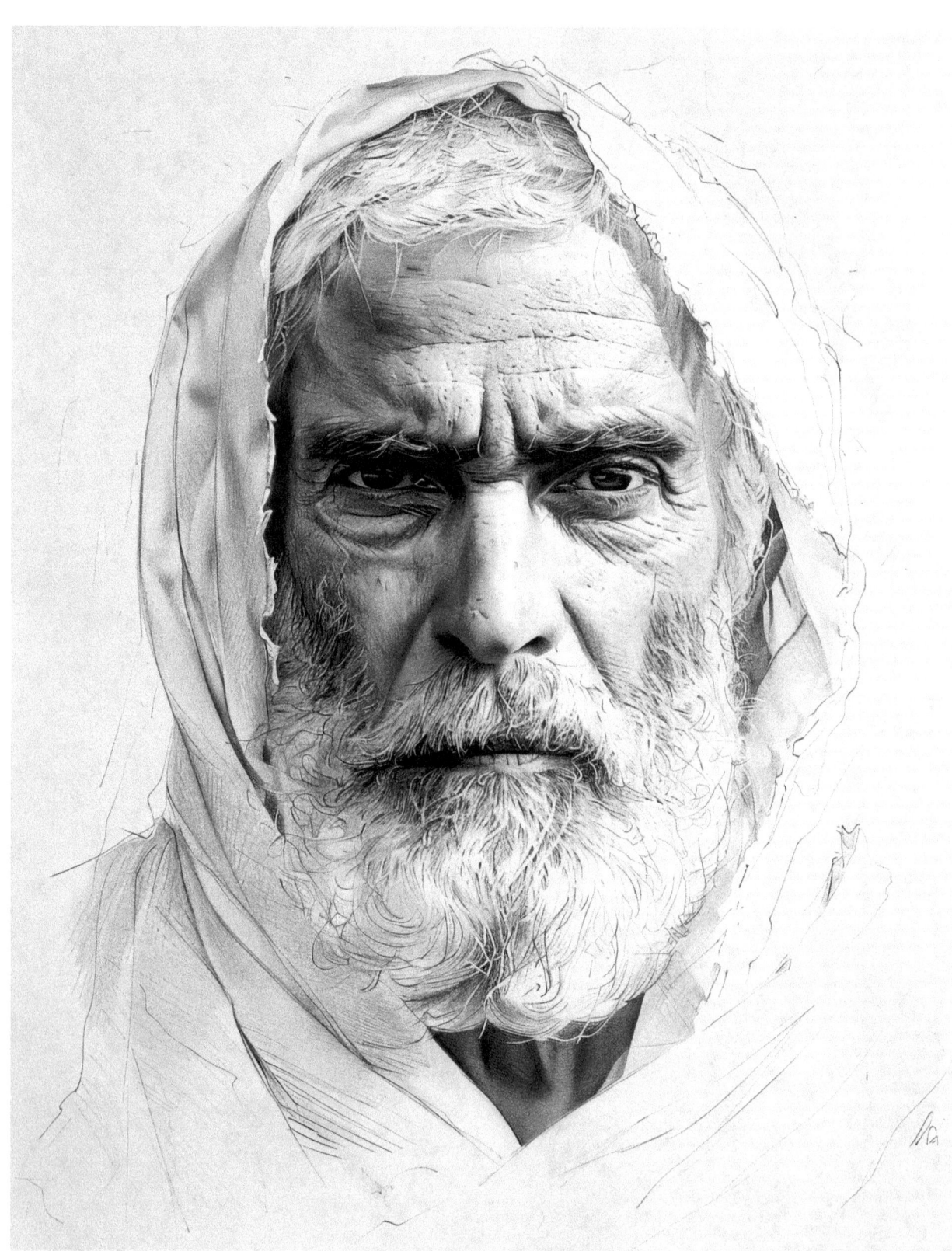

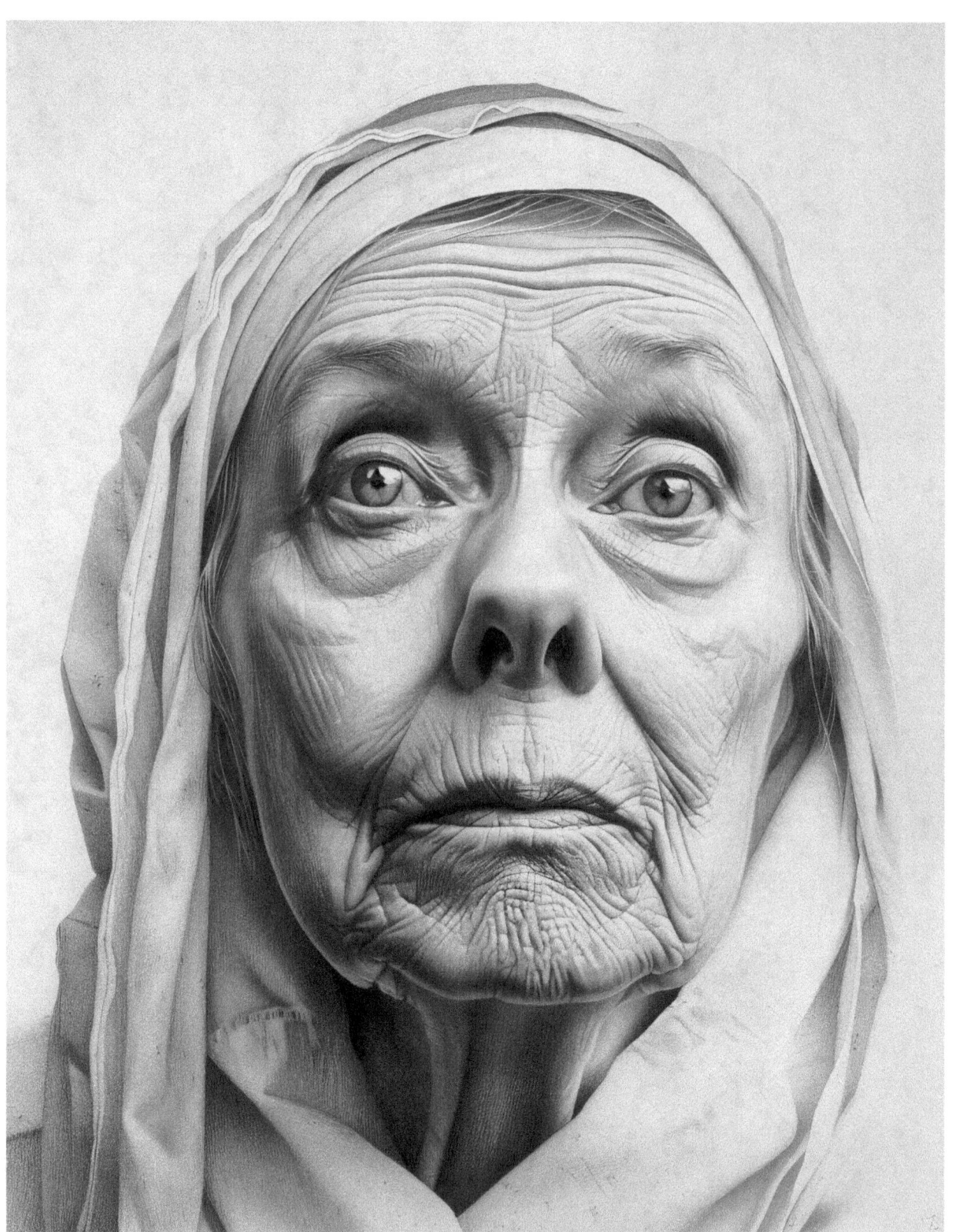

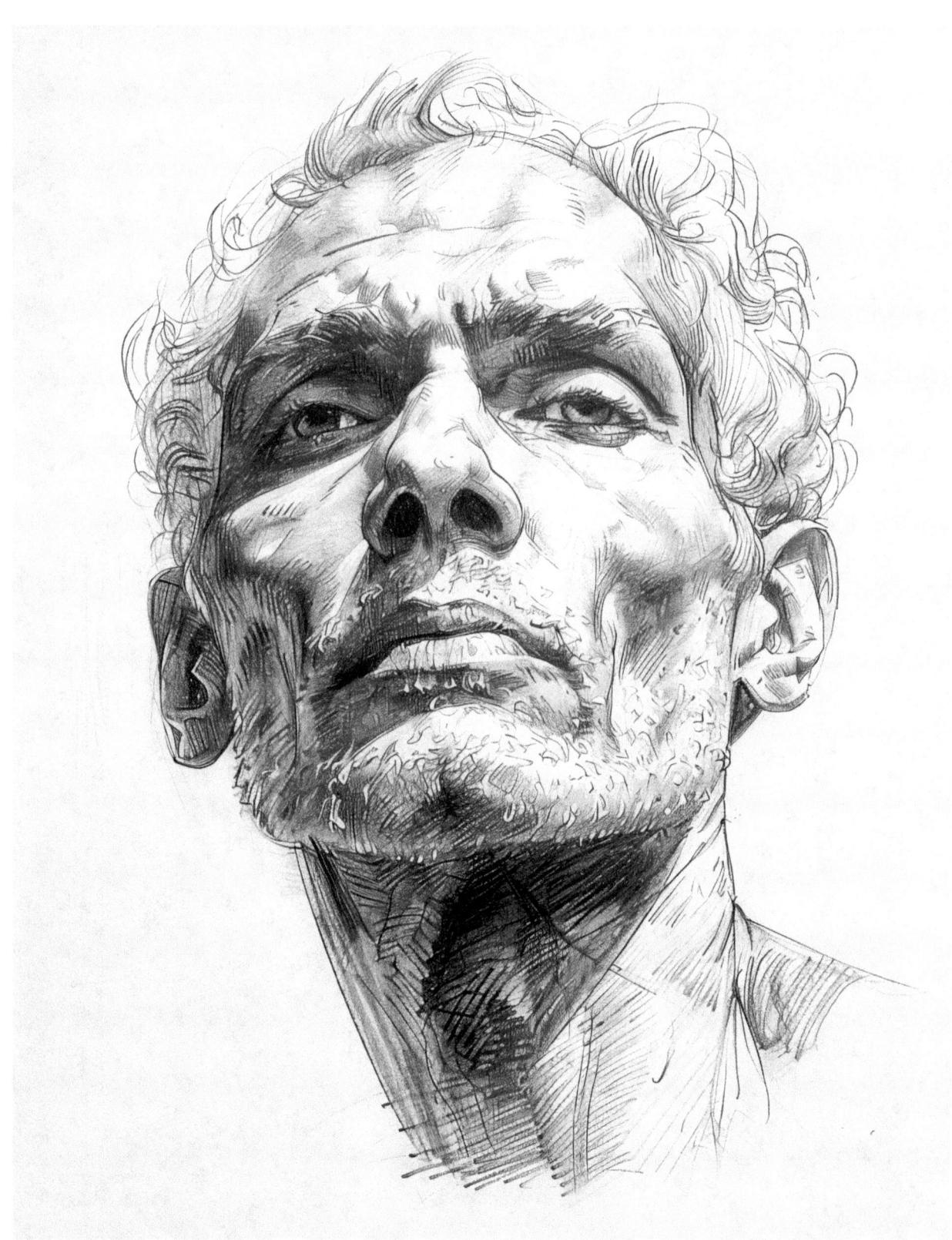

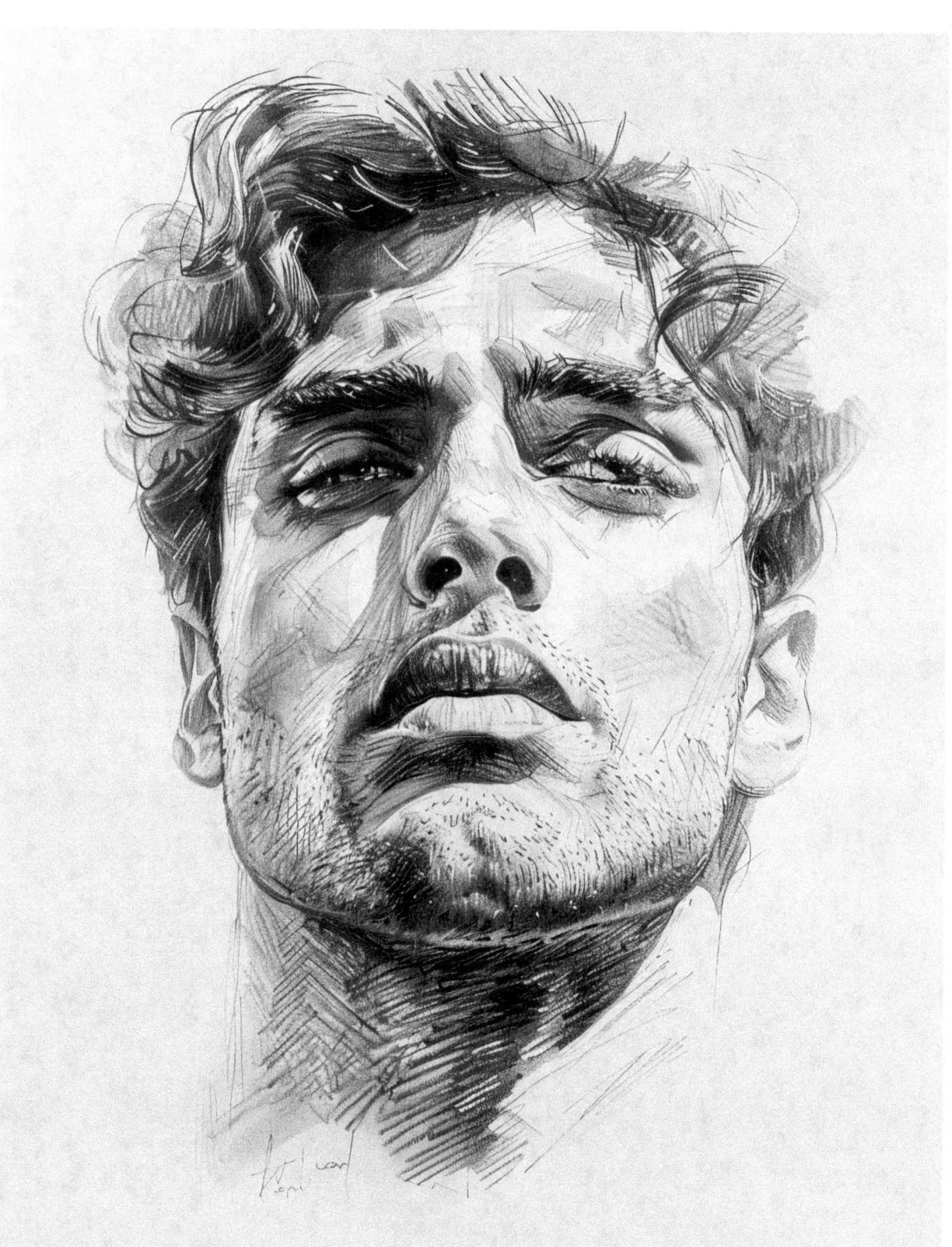

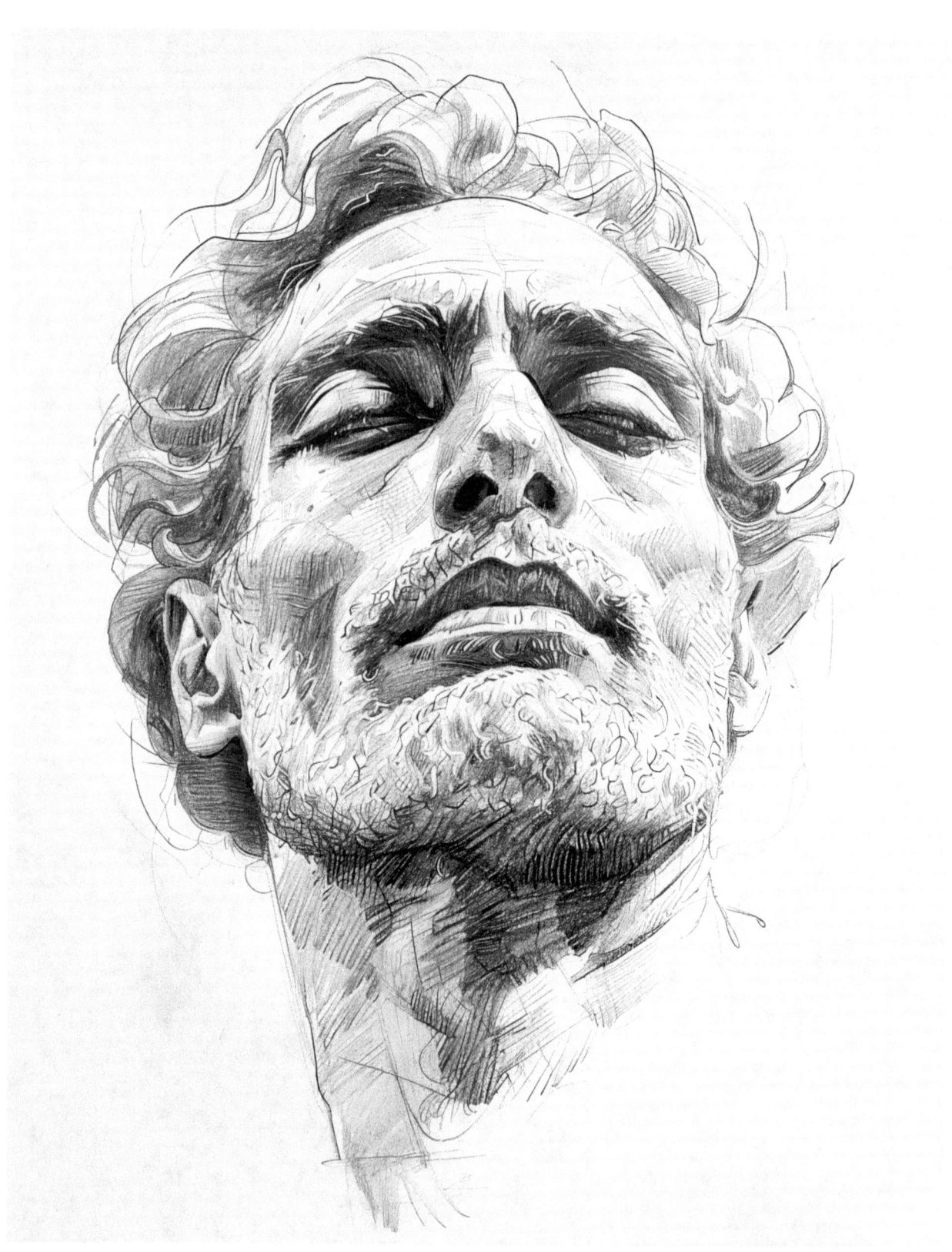

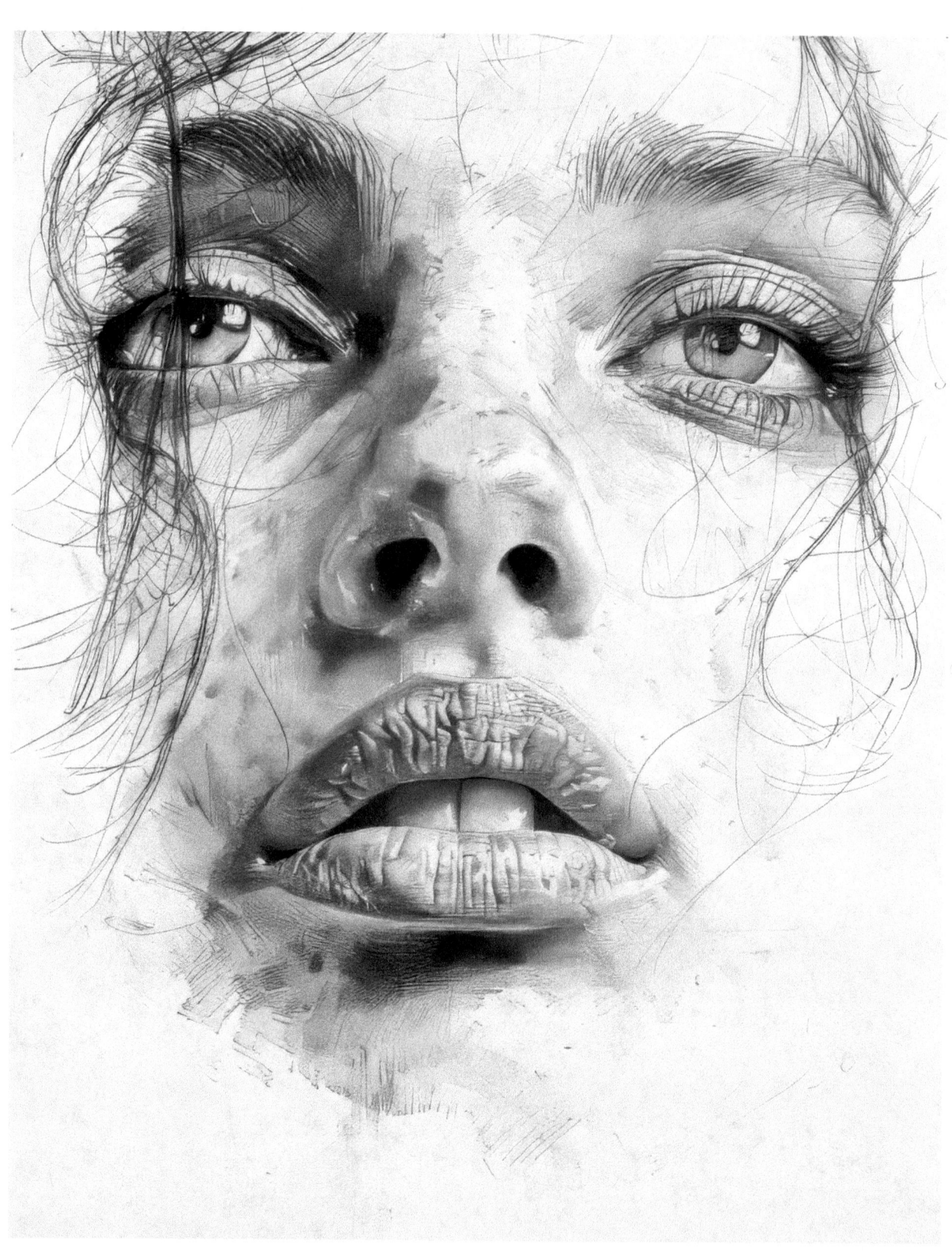

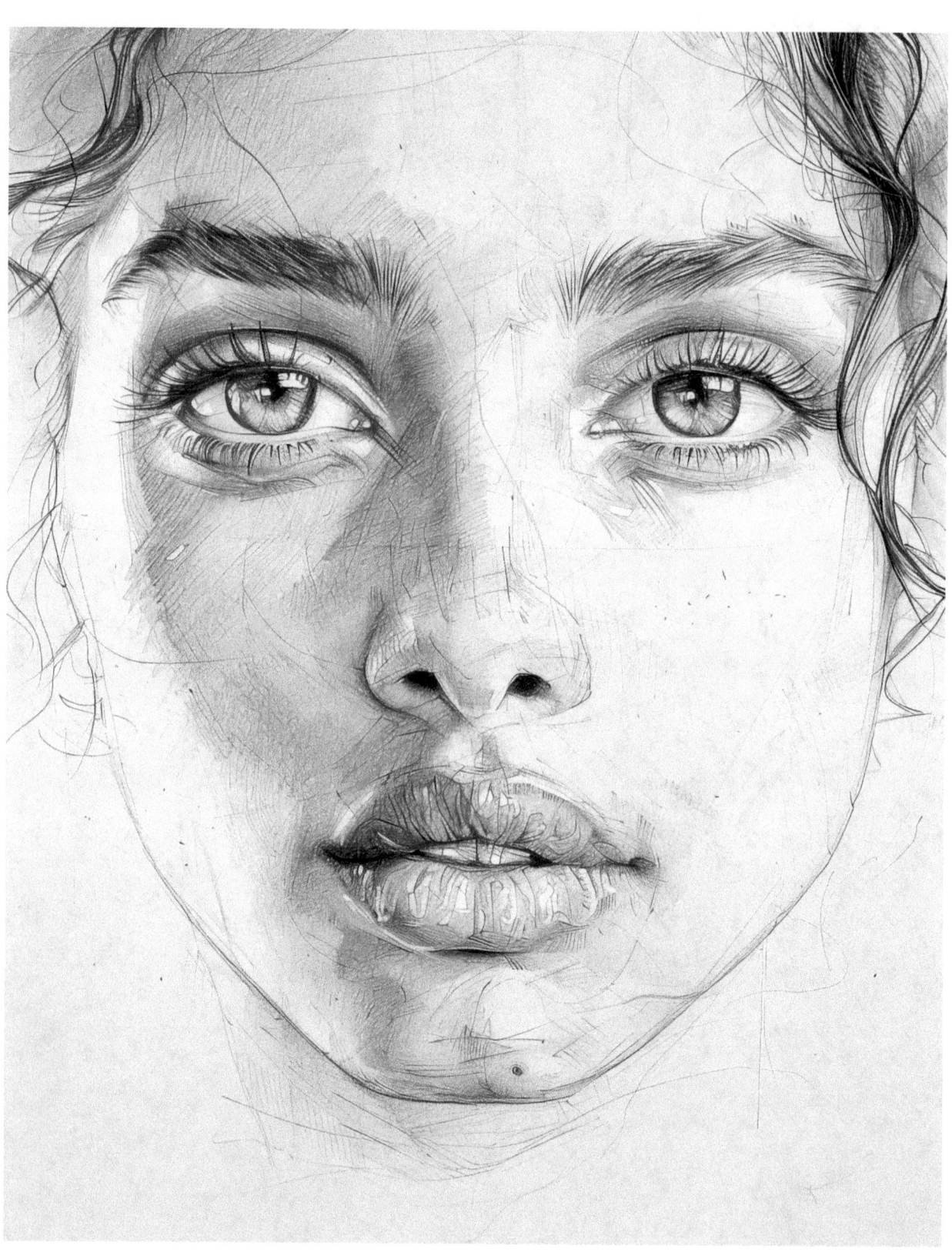

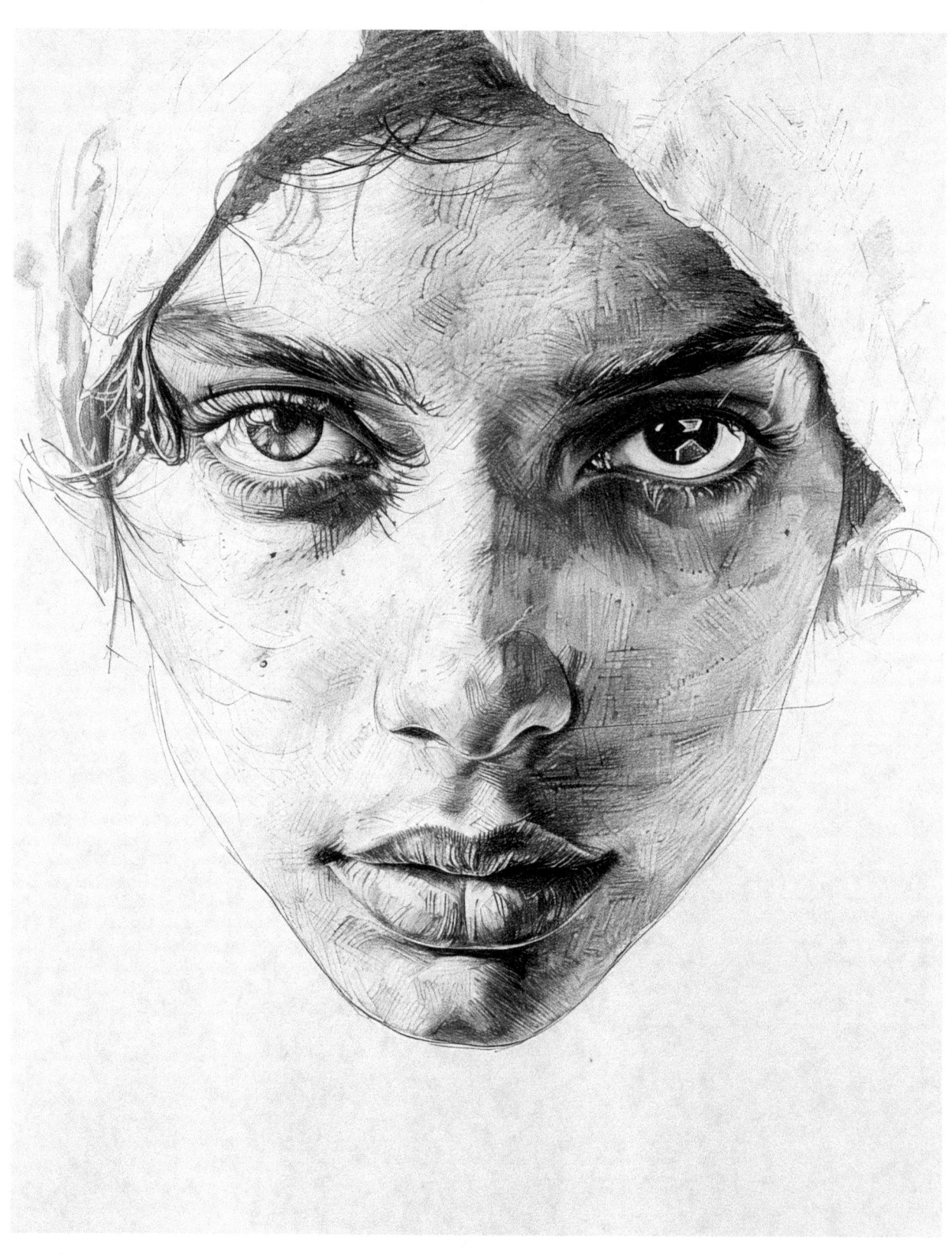

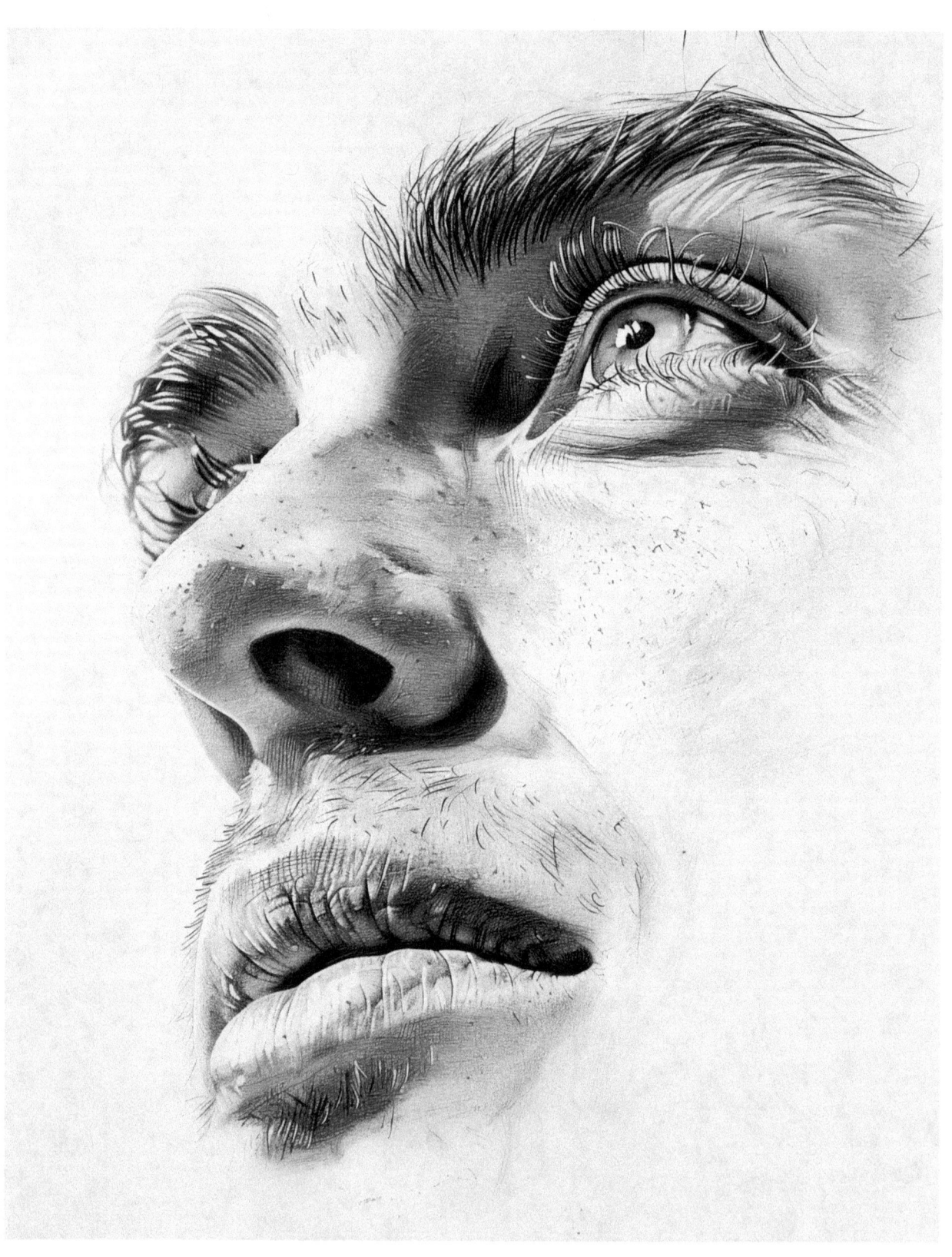

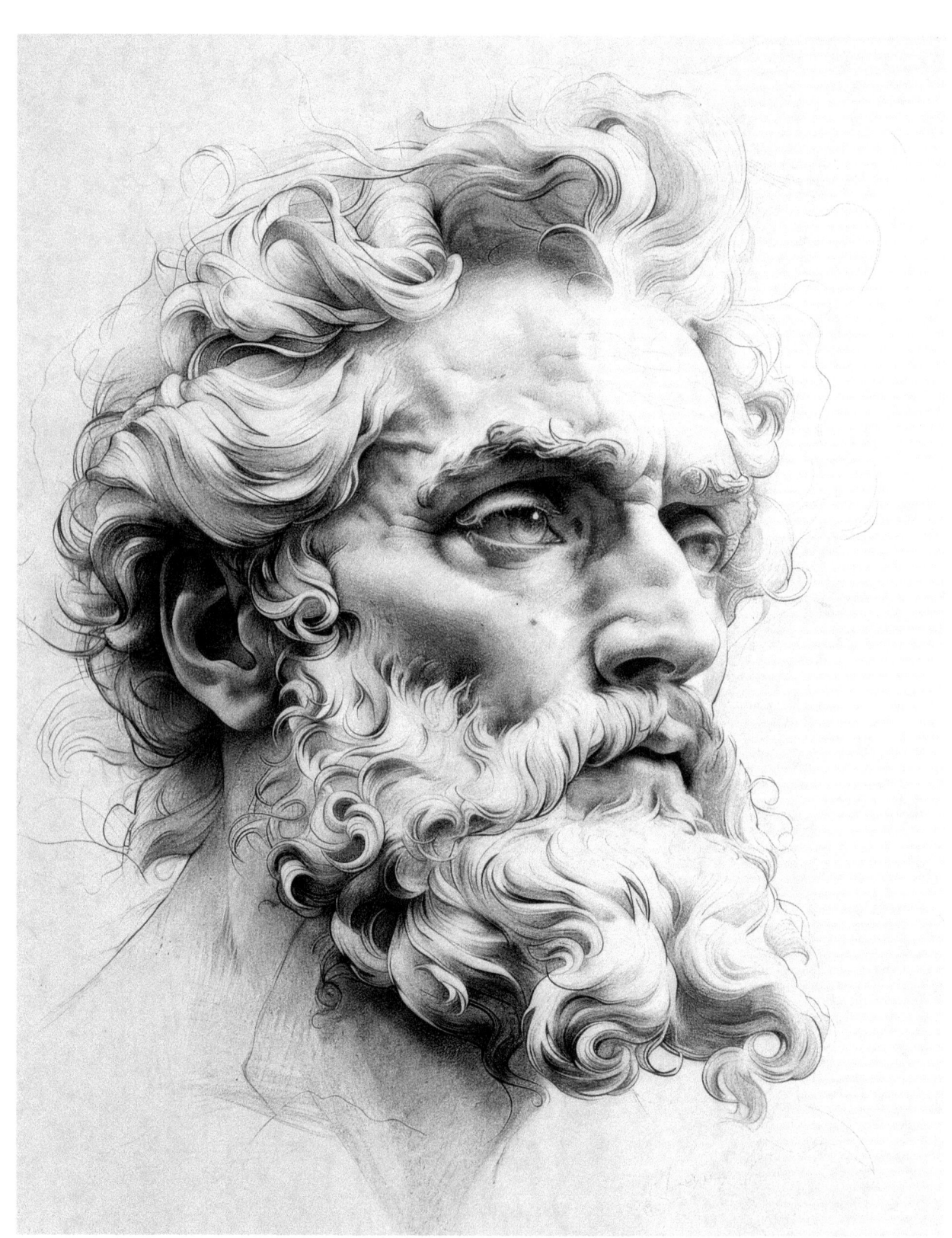

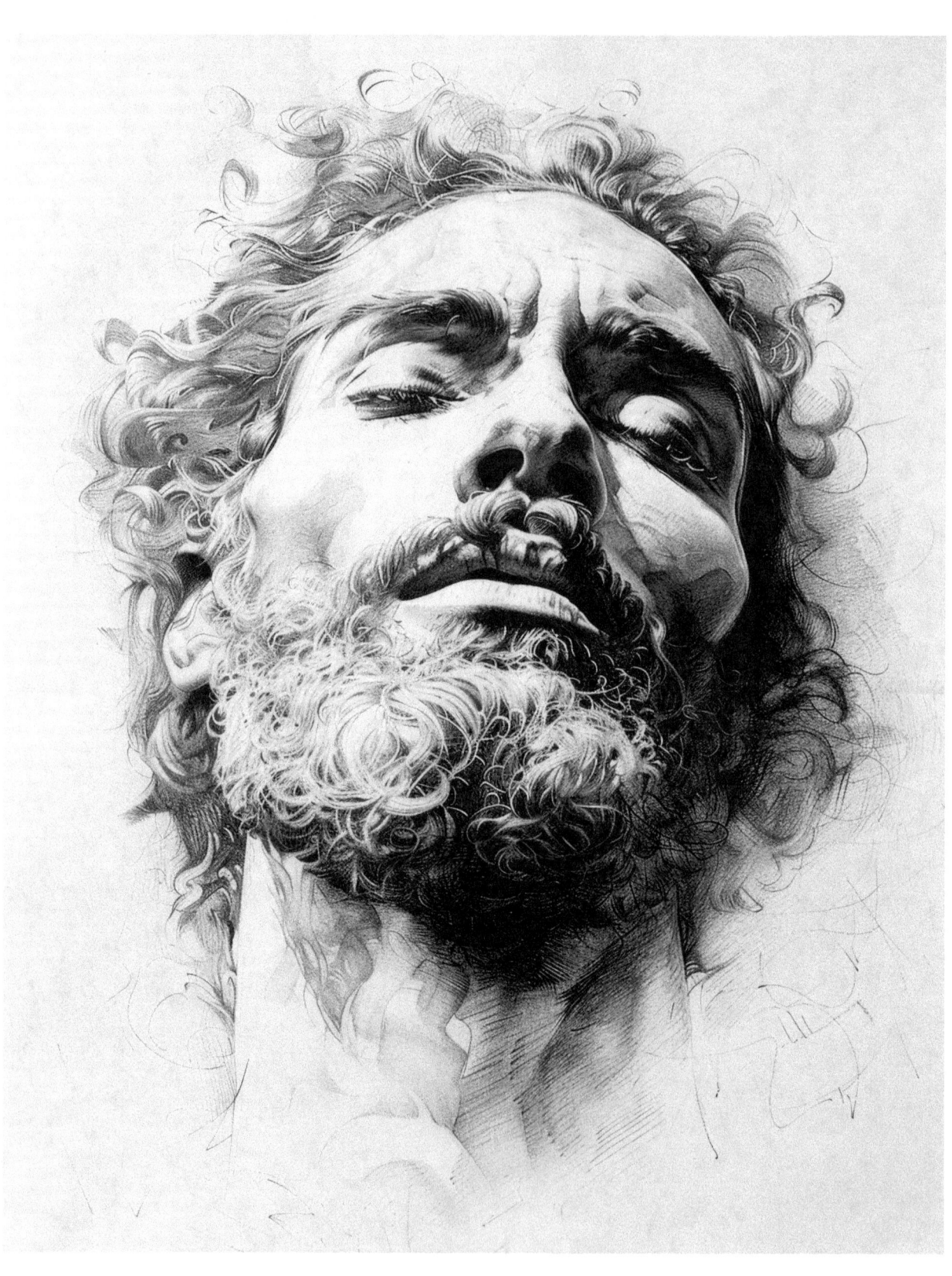

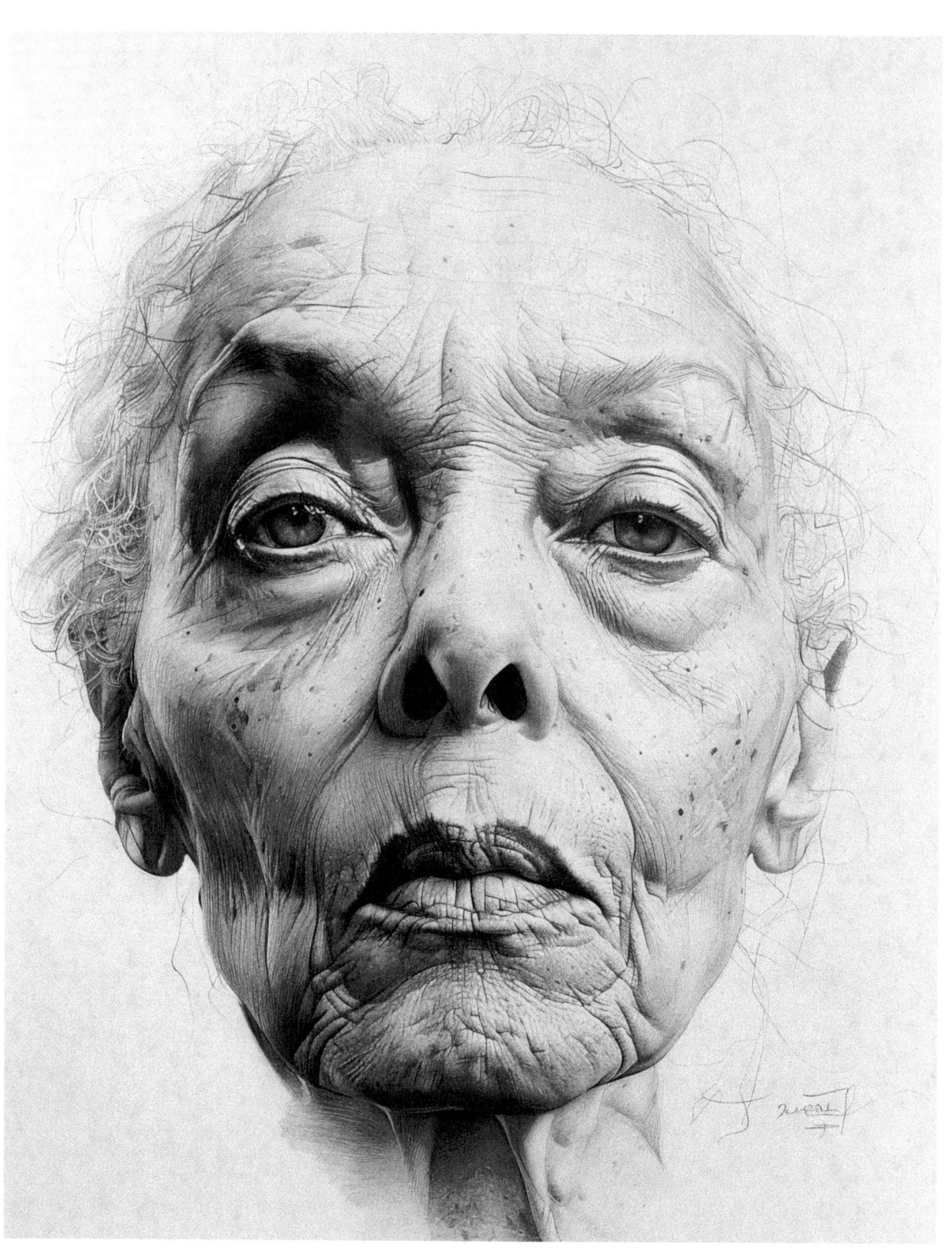

www.ingramcontent.com/pod-product-compliance
Lightning Source LLC
Chambersburg PA
CBHW062353220526
45472CB00008B/1795